OEUVRES MILITAIRES DE GUIBERT.

Tome I.

OEUVRES MILITAIRES DE GUIBERT,

PUBLIÉES PAR SA VEUVE,

SUR LES MANUSCRITS ET D'APRÈS LES CORRECTIONS DE L'AUTEUR.

TOME TROISIÈME.

DÉFENSE DU SYSTÊME DE GUERRE.

TOME PREMIER.

A PARIS,

CHEZ MAGIMEL, LIBRAIRE POUR L'ART MILITAIRE, QUAI DES AUGUSTINS, n°. 73.

AN XII. — 1803.

AVANT-PROPOS.

JAMAIS il ne s'est élevé dans l'Art de la Guerre une question plus intéressante, tant par le fond que par les circonstances. Il ne s'agit plus en effet ici d'une polémique obscure entre des Écrivains de Tactique. La question a été transportée au grand jour. Les épreuves se sont faites dans un Camp considérable, sous les yeux du premier homme de guerre que nous ayons, de celui que le choix du Roi et le vœu de la Nation ont appelé de concert au commandement de l'Armée.

L'opinion de M. le maréchal de Broglie en faveur du systême de M. de M.... D....., le poids de sa réputation, l'appui immense qu'elle a donné à ce systême; tout me fait sentir combien il est hasardeux d'entrer dans la lice; mais mon amour pour mon métier, mon attachement à mon Pays, l'engagement que je me suis imposé de vouer à son service le peu de facultés et de connoissances que je puis avoir, me parlent plus haut encore. M. le Maréchal est trop généreux pour ne pas estimer mes motifs. Quand on a autant de moyens que lui d'entraîner les opinions, on est au-dessus de la prétention de les enchaîner.

Je vais donc oser traiter la question dans toute son étendue, ou pour mieux dire, je vais mettre toutes les pièces de ce grand procès sous les yeux du Public.

Dans toute discussion, l'impartialité est la condition qu'on promet le plus, et à laquelle on est communément le moins fidèle. Mais si l'on peut se flatter de la remplir, c'est sans doute lorsqu'on n'est conduit par aucun intérêt personnel. Or quel genre de passion peut m'animer ici? Je ne suis le créateur d'aucun système. Je n'ai fait, dans mon Essai général de Tactique, qu'étendre et rédiger des idées connues. Je n'ai aucune part aux Ordonnances de manœuvres, données depuis la paix. Enfin, si dans cet Ouvrage je démontre que le projet de M. de M.... D..... est inadmissible, je ne prétends retirer de ce succès ni prix ni gloire, car je ne l'aurai obtenu qu'en recueillant les opinions de la plus grande partie de l'armée et les principes du roi de Prusse. Mon ambition sera remplie, si je passe pour un bon esprit qui a bien observé et bien conçu, et sur-tout pour un homme franc et courageux qu'aucune considération n'a arrêté dans la recherche et dans l'exposition de la vérité.

Après l'impartialité, ce que je tâcherai d'apporter le plus dans la discussion que j'entreprends, c'est de la méthode et de la clarté. Assez long-temps cette question a été agitée sans être approfondie. Assez long-temps de gros volumes, des conversations vagues, des formes superflues de géométrie et de métaphysique, ont répandu de l'ennui et de l'obscurité sur elle; il faut une fois la traiter pour qu'elle soit lue, étudiée et jugée sans retour. Je n'écris point pour la France seulement; je m'adresse aussi à ces armées étrangères qui pratiquent tandis que nous discutons. C'est à la guerre qu'on sent le prix du simple et du vrai, et c'est où on la fait que les problêmes militaires doivent sur-tout trouver des arbitres et des juges.

D'abord je ne comptois faire qu'une réfutation pure et simple du systême de M. de M.... D.... La matière s'est étendue devant moi, l'intérêt et l'importance du sujet m'ont entraîné; j'ai vu qu'on ne pouvoit bien repousser les attaques faites par M. de M.... D.... contre le systême moderne, qu'en développant ce systême; qu'il en restoit des parties qui n'étoient pas assez appronfodies, ou qui n'étoient pas entendues, et que c'étoit ce qui avoit pu induire en erreur quelques bons esprits. J'ai donc entrepris, non-seulement la réfutation du systême de M. de M.... D...., mais la défense du systême de guerre moderne, et j'ai donné à mon ouvrage un titre relatif à ce double objet.

Un autre motif, je l'avouerai, m'a porté à donner à mon travail plus d'étendue et d'importance. Si je m'étois borné simplement à la discussion du système de M. de M.... D...., cette polémique eût péri avec lui; déjà même elle n'eût excité qu'un foible intérêt : le Public est réfroidi; et ce qui mettoit les esprits dans une si grande fermentation il y a trois mois, est regardé à present comme non avenu. J'ai desiré que mon Ouvrage, en présentant la question sous des rapports plus étendus, réveillât l'attention, eût un intérêt indépendant du moment, et survécût au système de M. de M.... D....

Plusieurs personnes ont demandé pourquoi j'écrivois contre un système qui étoit condamné par l'opinion de l'armée et par le silence actuel du public. A cela, voici ma réponse. La réclamation de l'armée contre le système de M..... D.... a été à peu près universelle; mais le suffrage de M. le maréchal de Broglie reste tout entier, et celui-là seul les balance tous. L'armée a pu juger le système de M. de M... D..., mais il s'agit de développer les raisons qui ont fondé le jugement de l'armée, d'y en ajouter de nouvelles et de neuves peut-être. Il y a des gens qui, suspendus par une grande autorité, hésitent encore dans leur opinion. Il y en a qui, en condamnant les manœuvres de M. de M.... D...., approuvent le fond de son systême. Il y en a, comme je l'ai dit ci-dessus, qui n'ont pas assez étudié le systême moderne, ou pour lesquels ce systême n'a pas été suffisamment développé. La plus grande partie du Militaire de France, les Militaires étrangers, parmi lesquels je cherche aussi des juges, n'ont point assisté au camp, et ne peuvent se faire une opinion que sur des rapports vagues et toujours suspects de passion. Le Public, il est vrai, ne parle plus de la question que je vais agiter; mais de quoi le Public, et sur-tout le Public de la capitale, parle-t-il un mois de suite? Les Militaires y pensent, et c'est pour eux que j'écris. Dans toute espèce de science, c'est aux gens de l'art qu'il faut s'adresser, ce sont eux ensuite qui avisent le Public, et le Public se met en mouvement sur leurs traces. Enfin, comme il est important de combattre le système de M. de M.... D....., de le détruire, et d'empêcher qu'il ne se reproduise, il s'agit de lui opposer un corps de raisons et de doctrine qui éclaire la masse du Public, et qui mette la vérité sous sa sauve-garde. C'est toujours, à la longue, la voix générale qui dicte des loix, et les gouvernemens mêmes sont gouvernés par elle.

Parmi les secours que m'ont fournis de toutes parts les discussions, les avis, les lumières d'un grand nombre de Militaires, ma reconnoissance doit citer les secours plus directs et plus positifs que j'ai tirés d'un Mémoire de M. le comte de la Chapelle, qu'il avoit commencé lors des épreuves de Metz, pour rendre compte de ces épreuves à feu M. le maréchal de Muy; Mémoire plein de bonnes, saines et solides raisons; d'un Manuscrit de M. le chevalier de Chatelux, qu'il a fait à l'issue du camp de Bayeux, qu'il destinoit à l'impression, et dont son amitié a bien voulu m'enrichir; d'un Mémoire de M. le comte de Surgère, contenant d'excellentes observations sur les détails du système de M. de M.... D....; observations précieuses, parce qu'elles sont le résultat de sa pratique à la tête d'un des régimens le mieux instruits de l'armée. Enfin, il me reste toujours, et avant tout, à citer mon père, dont l'opinion dans cette occasion a d'autant plus fortifié la mienne, qu'inviolablement attaché à M. le maréchal de Broglie, il la donnoit contre les préjugés de son esprit et les sentimens de son cœur.

Je vais commencer cet Ouvrage en plaçant à sa tête le plan dans lequel je l'ai conçu. Le lecteur et l'auteur gagnent tous deux à cette méthode. L'auteur, en faisant son plan avant son Ouvrage, ce qui n'arrive pas toujours, s'en remplit mieux, va plus droit à son but; et si son plan est bien conçu, il inspire pour lui un préjugé avantageux. Le lecteur embrasse d'un coup-d'œil l'objet et l'ensemble de l'ouvrage qu'on lui présente : préparé par ce programme, il en suit après cela l'exécution avec plus d'intérêt et de facilité.

DIVISION DE L'OUVRAGE.

TOME PREMIER.

PREMIÈRE PARTIE.

CHAPITRE I.

De Folard et de son système. Système de M. de M.... D..., tiré originairement de Folard. Ce qu'étoit Folard. Exposition de son Système. pag. 13

CHAPITRE II.

Système de M. de M.... D..... Enoncé de ses divers Ouvrages. Forme dans laquelle je me propose de l'analyser. 33

CHAPITRE III.

Système de M. de M... D...., tel qu'il est dans son premier Ouvrage, intitulé : *Projet de Tactique*, ou *Traité des Plésions*. 36

CHAPITRE IV.

Système des Plésions accommodé à la constitution moderne, et reproduit sous le nom d'*Ordre François*. 69

CHAPITRE V.

Nouvelles variations de l'*Ordre François*. Epreuves faites à Metz. Système de M. de M.... D....., tel qu'il a été exécuté au Camp de Bayeux. Examen de ce Système sous tous les rapports de détail. 76

SECONDE PARTIE.

Examen du Systême de M. de M.... D..... sous ses rapports fondamentaux et sous celui des différentes armes. pag. 213

CHAPITRE I.

Le Système de M. de M.... D..... est-il favorable au génie et au caractère de la Nation ? 215

CHAPITRE II.

L'ordre profond, et particulièrement l'espèce d'ordre profond proposé par M. de M.... D..... peut-il et doit-il être l'ordre primitif et habituel, par préférence à l'ordre déployé ? 225

CHAPITRE III.

De la Colonne considérée sous deux rapports ; sous l'un, comme moyen de marche et de manœuvre, et sous l'autre, comme disposition d'attaque. Qu'elle ne peut jamais être que l'ordre momentané et accidentel. 247

CHAPITRE IV.

Système de M. de M.... D...., considéré relativement à la Cavalerie. 265

CHAPITRE V.

Système de M. de M.... D...., considéré relativement à l'Artillerie. 299

TOME SECOND.

TROISIÈME PARTIE.

Examen du Systême de M. de M.... D..... relativement à la *Stratégique*, ou Tactique des Armées. pag. 1

CHAPITRE I.

Si l'on adoptoit le Systême de M. de M.... D..., s'ensuivroit-il qu'on pût, comme il l'annonce, resserrer les positions, les camps et les ordres de bataille? 3

CHAPITRE II.

La castramétation actuelle peut-elle changer de forme, et par conséquent permettre le raccourcissement des positions? 12

CHAPITRE III.

Rapport des positions aux subsistances. Peut-on, relativement aux subsistances, adpoter le systême de raccourcir les positions? 23

CHAPITRE IV.

Autres grands obstacles au resserrement des positions et des ordres de bataille, tirés de la nature des opérations et des circonstances auxquelles les Armées sont assujéties. 37

CHAPITRE V.

Systême de M. de M.... D...., considéré par rapport aux marches et aux ordres de marche. 47

CHAPITRE VI.

Système de M. de M.... D...., considéré par rapport aux grandes manœuvres et aux mouvemens d'Armée. pag. 59

CHAPITRE VII.

Système de M. de M.... D...., considéré par rapport aux ordres de bataille et aux batailles. 71

QUATRIÈME PARTIE.

RÉSUMÉ.

CHAPITRE I.

Que le Système de M. de M.... D..... n'est admissible sous aucun rapport. Qu'il faut s'en tenir à celui qui existe, et seulement consolider notre constitution et nous perfectionner dans la Tactique actuelle. 203

CHAPITRE II.

Système de Guerre actuel examiné sous le rapport de la Politique et de l'Administration. Qu'il seroit impossible et même désavantageux de le changer. Que ce Système, en outre qu'il est plus parfait et plus savant que tous ceux qui ont existé, est moins ruineux pour les Peuples, plus propre à entretenir la paix et à empêcher les conquêtes, les dévastations et les grandes révolutions que la Guerre entraînoit autrefois. 209

DEFENSE
DU
SYSTÊME DE GUERRE
MODERNE,
OU
RÉFUTATION DU SYSTÊME DE M. DE M.... D.....

PREMIÈRE PARTIE.

CHAPITRE PREMIER.

DE FOLARD ET DE SON SYSTEME.

Système de M. de M.... D...., tiré originairement de celui de Folard. Ce qu'étoit Folard. Exposition de son Système.

Quand Folard imagina ou plutôt remit au jour la colonne, il ne s'avisa pas, quoiqu'il eût pour elle des entrailles de père, de la proposer comme l'ordonnance primitive et habituelle de l'infanterie. Il la donna seulement pour une disposition accidentelle, destinée d'une part, à renforcer et à appuyer un ordre de bataille, et de l'autre, à faire effort sur l'ennemi et à l'enfoncer. Le Disciple a été plus loin que le Maître; c'est-à-dire, qu'il a renchéri sur lui de prévention et d'enthousiasme. Il en est à-peu-près de même dans toutes les doctrines naissantes. Les premiers sectateurs exagèrent toujours les opinions des sectaires. Ne pouvant prétendre au mérite de la découverte, ils se creusent la tête pour y ajouter. S'ils y parviennent, s'ils commentent et développent quelques points, si sur-tout ils croient avoir redressé quelques erreurs du Maître, ils s'identifient au systême, ou plutôt ils identifient le systême à eux; c'est ce qui est arrivé à M. de M.... D..... *En fouillant*, nous apprend-il dans une de ses Préfaces (1), *les débris de tous les Systêmes Militaires, il a trouvé la Colonne de Folard; ce diamant brut étoit méconnu et rejeté, il s'en est emparé et l'a mis en œuvre.* Étoit-ce une découverte si précieuse que cette colonne; et le systême que M. de M.... D..... en a tiré, en prétendant la perfectionner, vaut-il mieux? C'est ce que je vais examiner.

Avant de parler de la Colonne de Folard, qu'il me soit permis de dire un mot de Folard lui-même; cette digression ne sera point étrangère à mon sujet. Beaucoup de gens, fidèles

(1) Disc. prélim. des Fragmens de Tactique, pag. 15.

au préjugé de leur éducation, ont encore pour Folard un grand respect; il est bon de leur faire apprécier ce qu'étoit Folard, et si son nom est en effet une grande autorité.

Folard avoit plus étudié la guerre qu'il ne l'avoit faite; il n'avoit servi que dans des grades subalternes, et il n'avoit par conséquent ni la pratique du commandement, ni celle des circonstances, ni celle des hommes.

Il avoit beaucoup étudié l'antiquité militaire, et il voyoit tout dans les Anciens; mais il n'avoit pas réfléchi que les constitutions, les armes, les moeurs et les hommes même étoient changés. Tel étoit son aveuglement pour tout ce qui venoit d'eux, qu'il soutenoit que l'effet de leurs machines de jet étoit supérieur à celui de notre artillerie.

Sa passion pour l'antiquité étoit encore augmentée en lui par le mécontentement qu'il avoit de son siècle et de son pays. Il se trouvoit maltraité par le service, et il l'étoit en effet; il ne parvint qu'à une simple commission de colonel, et il ne fut même jamais employé activement dans ce grade. Le Gouvernement eut tort sans doute, car il devoit lui fournir des occasions; la récompense des hommes qui ont acquis des connoissances dans leur profession, devant être du moins qu'on les mette à l'épreuve.

Folard avoit de plus reçu de la nature un caractère plein de morosité et d'aigreur, ce qui contribue souvent à rétrécir l'esprit et à fausser le jugement. Le même fond de caractère avoit rendu Feuquières l'*Aristarque* de tous les Généraux ; mais Feuquières avoit du génie, et ses critiques sont des leçons immortelles. Folard n'en avoit point, et ses Ouvrages n'ont que le mérite d'une vaste érudition ; c'est le Scholiaste, le *Dom Calmet* des Auteurs Militaires ; à cela près cependant qu'il ne savoit pas le Grec, et que c'étoit le Bénédictin Thuillier qui lui fournissoit ses traductions ; ce qui, comme Guichard l'a prouvé, l'a fait tomber dans d'étranges bévues. Tout ce que Folard compile, tout ce qu'il tire des autres, instruit et intéresse; tout ce qu'il y ajoute et qu'il tire de lui-même, est un amas d'ennui et d'erreurs.

Dès qu'il eut découvert ou cru découvrir sa colonne, il ne vit plus qu'elle, il ne proposa qu'elle. Son commentaire sur Polybe, ses recherches sur les Anciens, ses citations sur les guerres modernes ; tout le ramenoit à sa colonne. Dans l'antiquité, il cherchoit des faits et des exemples pour s'appuyer. Les batailles de nos jours, il les analysoit, les redonnoit ensuite pour son compte et à sa manière ; le résultat étant toujours, que si le parti vaincu eût fait usage des colonnes, il ne les eût pas perdues. Cette manière de raisonner, qui prouve plus d'érudition et de passion que de saine logique, a un peu passé à ses successeurs.

Venons à sa colonne, et à l'emploi qu'il prétendoit en faire dans la Tactique. Pour combattre pied à pied M. de M.... D..... il faut remonter jusqu'à la source où il a puisé. Il est curieux d'ailleurs de voir l'analogie et la différence qui se trouvent entre les principes du disciple et ceux du maître.

« La colonne, ainsi que la définit Folard (1),
» est un corps d'Infanterie serré et supressé,
» c'est-à-dire, un corps rangé sur un quarré
» long, dont le front est beaucoup moindre
» que la hauteur. Les rangs et les files doivent
» y être tellement condensés, que les soldats
» n'y conservent qu'autant d'espace qu'il leur
» en faut pour pouvoir marcher et se servir
» de leurs armes ».

Elle peut être composée depuis un bataillon jusqu'à six, et formée de plus ou moins de files et de rangs, suivant le pays où l'on se trouve obligé d'agir et de combattre.

(1) Voy. Commentaires sur Polybe, Tome I, Traité de la Colonne.

Folard en fixe toutefois les proportions à vingt, vingt-quatre ou au plus trente files dans un terrein libre. Il ajoute que dans un terrein qui ne l'est pas, elle peut se maintenir dans sa force depuis trente files ou trente-quatre même, jusqu'à seize. Il n'est d'ailleurs point attaché au nombre pair qu'il dit ne lui être pas nécessaire pour les évolutions.

Folard divise sa colonne en trois sections, qui ne laissent point d'intervalle entr'elles au moment du combat. Il appelle *faces* les ailes des rangs ou les flancs, parce que par le terme de *flancs*, on entend les côtés foibles d'un bataillon, au lieu que, selon lui, il n'y a rien de foible dans une colonne. Étrange aveuglement qui lui faisoit croire que sa colonne n'auroit plus de flancs quand il les auroit appelés des faces.

Folard sépare toujours les compagnies de grenadiers de sa colonne; elles lui servent comme de supports et de réserves, et il les place en conséquence à la queue ou à chaque côté de la dernière section.

Les officiers et bas-officiers sont tous placés à la tête, à la queue, et sur les deux côtés de la colonne.

Folard suppose les bataillons de 500 hommes ou de 400 fusiliers et 100 pertuisaniers, les grenadiers, officiers, et sergens non compris.

Sa colonne est divisée en deux *manches*, dont l'une s'appelle manche de la droite, et l'autre manche de la gauche. Chaque manche se subdivise ensuite de cinq files en cinq files (1). Les trois de la droite s'appeloient divisions de droite, et les trois de la gauche divisions de gauche.

Folard compte beaucoup sur la division et subdivision de sa colonne, tant pour tomber sur les flancs de la ligne ennemie après l'avoir percée, que pour manoeuvrer par ce qu'il appelle les faces de sa colonne et en tout sens, contre l'ennemi qui chercheroit à l'envelopper. Tel est aussi le grand parti que M. de M.... D..... prétend tirer de l'organisation de la sienne.

Ainsi formée, Folard répute sa colonne invincible ; il lui trouve tous les avantages : *solidité, légèreté, sécurité des côtés ;* car pour les flancs on se rappelle qu'il a prouvé que la colonne n'en avoit plus en les appelant des faces. Aucune circonstance, aucun terrein ne peut et ne doit l'embarrasser. Elle a, selon lui, jusqu'à la propriété de se servir avantageusement de son feu. Il entreprend de le démontrer ; et ce feu quel est-il ? *C'est un feu par tranches ou par rangs, de manière que chaque*

(1) On se formoit alors sur cinq rangs.

rang, après avoir tiré, se met à genoux et le nez presque baissé contre terre (1). Mais c'est sur-tout dans le combat à l'arme blanche et dans l'action de choc, que doit triompher sa colonne. Là ses expressions n'ont plus de mesure. C'est au poids de sa colonne qu'il attribue toute sa force; et ce poids, il croit qu'il naît de la densité et de la pression des rangs, comme s'il s'agissoit de l'adhérence de corps physiques. *Si la colonne*, dit-il gravement, *tombe de toute sa pesanteur sur une autre ordonnance, elle l'emportera et la fera sauter hors, comme un bélier abat un pan de mur* (2). Ailleurs il la compare *au roc que Polyphème lançoit d'une force de Géant contre les vaisseaux d'Ulysse* (3). Plus loin il emploie un Chapitre entier (4) à prouver que huit bataillons en colonne doivent battre trente-deux bataillons dans l'ordre accoutumé. Une supériorité quadruple n'est encore qu'un jeu pour elle; car il avance bientôt après qu'*il est moralement et physiquement impossible* qu'une colonne puisse être jamais rompue. Aucune cavalerie, quelque brave, quelque nombreuse qu'elle

(1) Traité de la colonne.

(2) Page 18, Traité de la Colonne.

(3) Page 23, Traité de la Colonne.

(4) Chapitre IV, Traité de la Colonne.

soit, ne doit oser s'abandonner sur elle. *Oui, ma colonne*, ajoute-t-il, *n'a rien de foible, elle peut faire tête de toutes parts et se remettre aisément. C'est un fagot d'épines qu'on ne sait par où prendre, et dont l'ébranlement, la solidité, la pesanteur, la force est si violente, qu'il n'y a rien qui puisse se refuser à son passage, rien qu'elle n'ouvre et n'enfonce. Il n'y a point de bataillon qui ne s'y brise bien loin de l'ébranler. Il disparoîtroit même contre son feu, et contre la forêt des pertuisanes et espontons des officiers et des hallebardes des sergens qui se trouvent placés près-à-près*, etc. etc. (1). Que si on ne veut pas croire à cet amas de rêveries écrit du style de l'Appocalypse, il vous traite *d'absurde, d'ignorant, d'opiniâtre*, et il finit en disant : *qu'il n'y a rien à vous répondre, sinon ce qu'Ajax répondit à Vénus : allez, la Guerre n'est pas votre métier, mêlez-vous de la faire naître* (2). Il faut apparemment qu'on ne puisse pas parler de la colonne avec plus de modération ; car nous verrons M. de M.... D....., en la rhabillant sous le nom de *Plésion* dans son projet de Tactique, la vanter et la défendre bien autrement encore.

(1) Page 46 et 47, Traité de la Colonne.

(2) Page 14, Traité de la Colonne.

Folard réclamoit les armes de longueur; il les regardoit comme absolument nécessaires à l'infanterie; mais il proposoit, au lieu de la pique, une sorte de pertuisane de douze pieds, qui en effet valoit mieux. Il en vouloit un cinquième par bataillon. Dans sa colonne, il mêloit les piquiers alternativement avec les fusiliers aux premiers rangs de chaque section, et sur les deux premières files des ailes; c'est-à-dire, qu'il mettoit une pertuisane entre deux fusiliers.

La colonne de Folard se formoit par des mouvemens de files; ainsi son bataillon étant sur cinq de hauteur, il faisoit tripler les files. Ce mouvement se faisoit d'une manière trop curieuse pour ne pas la rapporter ici. La manche du centre du bataillon rentroit dans celle de la droite; le premier rang derrière le premier, le second derrière le second, et ainsi des autres. En même temps la manche de la gauche rentroit dans ces deux manches jointes ensemble, le premier rang derrière le premier de la manche du centre, le second derrière le second, et ainsi du reste : de sorte que chaque bataillon se trouvoit à quinze de hauteur. Folard suppose le bataillon de 450 fusiliers, non-compris les grenadiers, ce qui est, selon lui, le nombre le plus parfait, et sur cinq de hauteur dans son ordre habituel, qui est, selon lui, la moindre profondeur que l'on puisse donner à une troupe d'infanterie. En partant de ce calcul, son bataillon se trouve rangé sur trente de front et quinze de profondeur. Il faut se rappeler qu'un bataillon, dans cet ordre, n'est qu'une section de sa colonne, qu'il suppose devoir être de deux bataillons au moins, de trois dans sa perfection, et de quatre, cinq et jusqu'à six, quand il en veut faire des masses d'appui pour les ailes de son ordre de bataille.

Folard parle aussi de former quelquefois des colonnes d'un seul bataillon; alors il les range sur huit de hauteur, et fait de même tripler les files, ce qui lui donne alors vingt-quatre files de profondeur, proportion à-peu-près pareille à celle des plésions de M. de M..... D.....

Il faut convenir qu'il n'y a rien au monde de plus mauvais que cette organisation de la colonne, et cette manière de la former; car si Folard se fût contenté de mettre les trois manches du bataillon les unes derrière les autres, encore passe; mais il enchâsse les rangs, il mêle, il décompose tout. Il en est de même de toutes les manœuvres que Folard fait faire à sa colonne, et de tous les mouvemens qu'il fait exécuter aux armées formées dans son systême. Tout s'y ressent de l'enfance où étoit la tactique alors. Partout on y voit l'homme sans talens, sans ressources, et incapable de tirer cette science de la barbarie où il la trouvoit.

Passons à l'emploi que Folard fait de sa colonne dans les armées. C'est-là le côté le moins mauvais de son systême. Elle n'y est jamais qu'une disposition accidentelle et momentanée qu'il fait prendre à un ou plusieurs bataillons, pour renforcer sa ligne et appuyer son ordre de bataille. Il veut qu'on en entrelace aussi entre deux brigades, aux points où l'on veut faire effort. Il veut encore qu'on en place aux flancs et au centre de l'ordre de bataille, et là il les propose de trois ou de quatre bataillons au moins.

Employées ainsi, mais avec adresse et intelligence, quand le terrein et les circonstances le permettent, et sans que cela devienne un ordre habituel, les colonnes peuvent être avantageuses; c'est ce que nous avons dit dans l'Essai général de Tactique, et ce que nous redirons dans le cours de cet Ouvrage. Mais l'idée n'en appartenoit point à Folard; Gustave l'avoit employée ainsi aux batailles de Leipsick et Lutzen. Il avoit entremêlé son ordre, de plusieurs colonnes qui en faisoient les bastions, sa ligne à huit de hauteur et en arrière de ses colonnes, formant, à proprement parler, la courtine.

Folard ne faisoit aucun cas de la cavalerie; il la regardoit presque toujours comme embarrassante, et souvent comme inutile; et sa preuve favorite, c'est que les Romains savoient s'en passer. Comme il falloit cependant obéir à nos préjugés, qui ne sont pas, à cet égard, ceux des Romains, voici comment il propose de l'employer.

D'abord il entremêle les escadrons de pelotons d'infanterie, composés de 25 grenadiers ou fusiliers choisis, lesquels pelotons doivent charger en même temps que les escadrons, et pour cet effet, *faire leur décharge à bout portant, se couler ensuite entre les intervalles, et charger le flanc des escadrons ennemis la baïonnette au bout du fusil.* Une foule de citations, tant Grecques et Romaines que modernes, viennent, suivant son usage, appuyer ce ridicule mélange.

A l'égard du reste de la cavalerie, il l'entremêle par demi-brigades ou par brigades entières, entre les brigades d'infanterie : et pour que ce chaos soit encore plus complet et plus dangereux, il ne manque pas de recommander que chaque brigade de cavalerie de première ligne, se trouve soutenue à la seconde ligne par une d'infanterie, et celle d'infanterie de première ligne par une de cavalerie en seconde. Et voilà le Tacticien que pendant quarante ans on a fait étudier à nos jeunes gens ; voilà un des maîtres consacrés encore parmi nous par la routine et par l'ignorance !

Folard est, en général, peu partisan des secondes lignes. Il croit que l'ordre qui conviendroit le mieux à une armée Françoise, dont le premier abord, suivant ses expressions, *est tout ce qu'on peut éprouver de plus redoutable, de plus fort, de plus vif et de plus terrible*, seroit de se ranger sur une seule ligne par petits intervalles. C'est-là, sans doute, ce qui a donné à M. de M.... D..... dans son Ordre françois, l'idée de faire enchâsser ses plésions de seconde ligne dans celles de première, pour, toutes ensemble et sur une seule ligne, charger l'ennemi.

Quant à l'artillerie et aux objections qu'elle peut fournir contre les ordres de profondeur, Folard se contente de répondre *qu'il n'en tient aucun compte ; que pour s'en débarrasser ce n'est pas la magie noire ; qu'il n'y a qu'à joindre l'ennemi* (1). Il est vrai qu'ensuite

(1) Traité de la Colonne, pag. 72.

plus raisonnable, il avance formellement qu'il ne faut se mettre en colonne que dans l'objet de marcher à l'ennemi; et au moment où il se décide à y marcher : *Je puis*, dit-il, *paroître en présence de l'ennemi, mes bataillons sur un aussi grand front que ceux qu'il m'oppose, jusqu'à 40 ou 50 pas de lui; alors la scène change, les bataillons minces disparoissent dans un instant, leurs files doublent, triplent, et deviennent des colonnes. Ce mouvement est si léger, si subit, si simple, qu'à peine a-t-on le temps de s'appercevoir comment tout cela s'y fait* (1). Ici le maître et le disciple tombent, comme on voit, dans une dissention manifeste; car le maître est si loin de vouloir que la colonne soit un ordre habituel, et il veut tellement qu'elle ne soit regardée que comme une disposition accidentelle et momentanée, que ce n'est qu'à 50 pas de l'ennemi qu'il prétend la former. La manœuvre qu'il propose pour cet effet est absurde sans doute, mais elle démontre évidemment quel étoit son principe.

Tel est, en raccourci, l'exposé fidèle du systême de Folard. Quelque mauvais qu'il fût

(1) Commentaire de Polybe, Tome 7. Réponse de Folard à ses critiques, p. 251.

au fond, quelque mal-adroit et quelque imparfait qu'il fût dans ses moyens, il eut des partisans. Il eut pour lui tous les gens amoureux du temps passé et frondeurs de leur temps; il eut pour lui beaucoup de gens qui s'en laissèrent imposer par cet amas d'érudition dont il étoit accompagné. Le moyen en effet, à moins d'avoir un esprit supérieur aux préjugés et capable d'approfondir, de ne pas se laisser aller aux opinions d'un homme qui s'étaye sans cesse, à tort et à travers, il est vrai, des noms et des prétendus exemples de tous les grands Capitaines, anciens et modernes! Mais ce qu'il eut encore plus pour lui, ce fut l'ignorance où l'on étoit alors, et l'imperfection de la Tactique. Il attaquoit nos armées à grand front; leur lenteur, leur pesanteur, leur impéritie à manoeuvrer, et il avoit beau jeu sans doute. Le génie créateur, l'homme qui devoit remédier à tous ces inconvéniens, alléger les armées par la discipline et par l'art de les manier, éclairer l'Europe militaire par ses écrits, et l'étonner par ses victoires: le roi de Prusse enfin n'avoit pas paru.

Quelques critiques se présentèrent cependant pour combattre Folard; mais parmi ceux-là on ne peut citer que les quatre Lettres d'un officier-général Hollandois, connues sous le nom de *Sentimens d'un homme de guerre* (1). Elles parurent successivement dans le temps, et ce sont des dissertations qui, quoique un peu traînantes, contiennent d'excellentes objections. Elles conviennent avec Folard des vices de la Tactique moderne, mais en même temps elles battent complétement en ruine sa colonne et son systême. Sentir les inconvéniens et les défauts de la routine en usage alors, ce n'étoit-là ni le difficile ni le rare. Tous les généraux, tous les militaires du temps s'en plaignoient; mais y remédier, mais faire ce que le roi de Prusse a fait depuis, voilà ce qui ne pouvoit être fait que par lui, et ce qui sembloit l'attendre.

Folard tenta de répondre à la seconde lettre de l'officier-général Hollandois, et cela lui valut en réplique la troisième lettre, qui est la meilleure et la plus décisive. Il prit alors le parti de dire *qu'il étoit critiqué par des gens qui n'avoient vu la guerre qu'en peinture, et de dessus la montagne* (2), laissa soutenir cette polémique par ses élèves, et passa le reste de sa

(1) Cet Officier Général se nommoit *Savornin*, et étoit un François réfugié. Ses lettres sont imprimées à la suite des Commentaires de Polybe, Édition de Hollande, dans le Tom. 7.

(2) Dernière Réponse de Folard, Tom. 7.

vie à suivre les assemblées des convulsionnaires, et à continuer ses infatigables commentaires sur l'antiquité.

Il fut moins heureux encore relativement à la révolution qu'il avoit espéré d'opérer. Jamais il n'eut la satisfaction de voir essayer son systême. En 1710, nos armes étant au comble de la honte et du malheur, Douai étant assiégé, la France étant ouverte et aux abois, Folard disant et imprimant toujours que c'étoit la faute de notre Tactique; le gouvernement ressemblant à ces malades désespérés qui prêtent l'oreille à tous les empiriques, on fit partir Folard pour aller proposer son systême au maréchal de Villars, qui, avec une armée supérieure, étoit en mesure de vouloir délivrer Douai en attaquant le prince Eugène qui en couvroit le siége. Jamais plus belle occasion ne s'étoit présentée, jamais les ennemis n'avoient mieux étalé l'ordre mince dans toute sa foiblesse; la position du prince Eugène avoit une grande lieue et demie, appuyant sa droite aux marais de Bernières, et sa gauche à la Scarpe; aucun ravin, aucun ruisseau, aucun obstacle n'en couvroit le front; il étoit seulement défendu par quelques redoutes, et à la vérité par une nombreuse artillerie, quoique moins nombreuse que celle qu'une armée de même force auroit aujourd'hui dans une pareille position. Dans beaucoup de points le prince Eugène n'avoit qu'une seule ligne d'infanterie. C'étoit le cas *d'aller et d'enfoncer*, c'étoit le cas de ce double oblique, de ce fameux ordre, perpendiculaire à une des ailes, ou encore mieux sur le centre de l'ennemi. Folard proposa d'attaquer dans ces principes : *l'infanterie par colonnes de 2 et de 3 bataillons entre les intervalles des brigades d'infanterie, la cavalerie la soutenant sur deux lignes, les escadrons entrelacés de pelotons d'infanterie, de gros bataillons aux ailes sur dix de hauteur, et quelques autres répandus sur tout le front de la première ligne* (1). On assembla un conseil de guerre; on examina le projet de Folard, et d'une commune voix il fut rejeté.

Les partisans de Folard ont beaucoup cité en sa faveur l'amitié qui l'unissoit au maréchal de Saxe, et l'estime qu'il paroissoit faire de ses ouvrages. J'avoue que je n'ai vu nulle part cette haute opinion énoncée dans les écrits qu'on dit être du Maréchal. Il y parle des inconvéniens de l'ordre mince, et de la difficulté de remuer nos ordres de bataille modernes. Il y dit que la science des marches et des mouve-

(1) Traité de la Colonne, Chap. XI.

mens est dans l'enfance, et que l'art est à créer. Cela prouve que, comme tant d'autres, il voyoit les défauts; mais, ainsi que je l'ai déjà dit, il y a loin de voir les défauts, à entrevoir les moyens d'y remédier, et encore plus loin de les entrevoir, à poser des principes et à les réduire en exemples. Ce que le Maréchal énonce positivement du moins, c'est son mépris pour la colonne, quand il dit *que c'est la plus lourde et la plus mauvaise machine qu'il connoisse* (1). A l'égard de l'amitié qu'il pouvoit avoir pour Folard, je ne la conteste pas, mais elle ne prouve rien ; il étoit assez simple que le Maréchal, alors comte de Saxe et officier-général éloigné du commandement, ne fût pas fâché de se concilier Folard, qui écrivoit et qui agissoit sur l'opinion de la foule, et que sur-tout il lui sût quelque gré d'avoir mis en avant, avec ce ton dogmatique qui étoit son partage, *qu'il voyoit dans le comte de Saxe le germe d'un des plus grands généraux que l'Europe eût produits*.

Après la mort de Folard, il a été encore moins question de son systême que de son vivant. Deux grandes guerres se sont faites sans qu'aucun Souverain, aucun Général, aucune

(1) Rêveries du Maréchal de Saxe, Chap. de la Colonne.

Nation aient été tentés de l'adopter. Quelques prosélytes en ont recueilli les ruines, et ont essayé, sous diverses formes, de le reproduire; leur voix se perdant dans le désert, ils ont pris le parti *de gémir sur le sort de la France, et sur l'aveuglement de la Nation.* M. de M.... D..... a été le plus ardent d'entre eux; il ne s'est pas rebuté; il a entraîné un grand suffrage; et appuyé par lui, il est devenu un adversaire formidable.

CHAPITRE II.

Systême de M. de M.... D..... Enoncé de ses divers Ouvrages. Forme dans laquelle je me propose de l'analyser.

Ce n'est pas un léger travail que de suivre le systême de M. de M.... D..... dans toutes ses variations et dans tous les ouvrages qui les renferment. Un volume in-4°. intitulé *Projet de Tactique*, ou *Traité des Plésions*; *un Supplément* aussi in-4°. audit Projet; *des Observations sur le Canon et sur la Colonne; des Fragmens de Tactique*, contenant six mémoires; d'autres *Fragmens* contenant trois mémoires, le tout dans le même format; enfin, trois éditions successives d'un *Projet de Régle-*

ment de Manœuvres, avec variantes sur variantes, sans compter nombre de petits écrits polémiques lâchés à la traverse, soit dans les journaux, soit en pièces fugitives ; voilà ce qu'il m'a fallu lire pour lui répondre. J'y ai mis le temps, la patience et le soin. J'ai tâché auparavant d'oublier mes opinions, et de faire de mon jugement une table rase. Je demande à mes lecteurs de déposer de même leurs préventions. Il ne faut ici ni des amis ni des ennemis, il faut des juges.

Que mes lecteurs ne s'effrayent pas ; ce n'est pas une analyse suivie et détaillée de ces nombreux ouvrages que j'entreprends ici. C'est le systême de l'auteur que je vais leur exposer ; c'est sur-tout l'esprit de ce systême et le tableau des conséquences qui en résultent. Ce que je dois à l'auteur sans doute, et ce que j'observerai avec toute la loyauté de notre profession, c'est qu'il ne puisse pas m'arguer d'infidélité dans mes citations ; et pour cet effet je n'en ferai jamais aucunes sans indiquer l'ouvrage qui me les aura fournies. Mais ce que je me dois aussi, ce que je dois à la cause que je défends, c'est de ne pas me perdre dans l'abyme où tombent presque tous les ouvrages militaires, c'est de me faire lire jusqu'au bout ; car la première nécessité, quand on ne veut pas être jugé au hasard ou par lassitude, c'est de ne pas endormir ses juges.

M. de M.... D..... part pour l'établissement de son systême, de la même base que Folard. Il regarde l'ordre étendu des bataillons, et la suppression de la pique, comme l'affoiblissement de l'infanterie et la dégradation de la tactique ; le nombre de cavalerie introduit dans nos armées, comme inutile et ruineux ; le mélange des armes et le raccourcissement des ordres de bataille, comme des principes fondamentaux ; l'action de choc ou le combat à l'arme blanche, comme l'action principale et décisive ; et l'action de feu, au contraire, comme l'action accessoire ; le feu enfin en lui-même, tant de mousqueterie que d'artillerie, comme de peu de considération dans la détermination de l'ordre de bataille qu'on doit prendre, et comme fort au-dessous de l'effet et de l'influence qu'on lui attribue.

Il semble que naturellement je devrois commencer par discuter cette base, par analyser ce que ces principes ont de vrai quand ils sont réduits ou mitigés, et de faux quand ils sont absolus ; mais cette marche m'écarteroit de celle du plan que je me suis tracé, et je crois cette dernière plus synthétique et plus sûre, l'état de la question devant nécessairement être posé avant d'en venir à la discussion. Je vais donc d'abord exposer le systême de M. de M.... D..... avec ses variations depuis son origine sous le nom de *Plésions*, jusques et compris l'état dans lequel il a été éprouvé au camp de Bayeux : je l'examinerai ensuite sous tous ses rapports, tant particuliers que généraux, dans l'ordre et avec la méthode que j'ai annoncés par ma division.

CHAPITRE III.

Systême de M. de M.... D..... tel qu'il est dans son premier Ouvrage, intitulé : Projet de Tactique, ou Traité des Plésions.

C'EST sous la forme et sous le nom de Plésions que M. de M.... D..... a d'abord reproduit la colonne de Folard ; il étoit alors fort jeune, et tout fraîchement imbu de l'étude de l'antiquité militaire ; il y prit par conséquent une partie de la nomenclature de sa nouvelle Tactique. De-là ces termes de *Plésion*, de *Phalange*, de *Manipule*, de *Centurion*, de *Décurion*, etc. C'étoit un assez bizarre assortiment que les noms pompeux de ces célèbres milices avec les noms de *Manche*, *Manchette*, *Plésionnette*, *Tranche*, *Tiroir*, etc., qui étoient de sa création; et le tout, quoi qu'en puisse dire M. de M.... D..... dans son *Mémoire sur le Langage Militaire*, formoit un jargon ridicule pour la foule, et au moins étrange pour les gens éclairés.

La Plésion, ou plutôt je crois *le Plésion*, signifioit chez les Grecs un ordre à quatre fronts, et n'étoit, à proprement parler, qu'une disposition de la phalange quand elle faisoit face de quatre côtés. Voilà ce qui détermina sans doute M. de M.... D..... à l'adopter. Sa prétention étant en effet, ainsi que celle de Folard, qu'une colonne n'avoit point de flancs, et que tous ses côtés étoient des faces. *Plésion*, chez les Grecs, tiroit son étymologie du mot πλίνθος, qui veut dire *brique*. Les Grecs, qui étoient amis des images, vouloient exprimer par-là la forme, la densité et la solidité de la phalange dans cette disposition. C'est de-là sans doute que M. de M.... D...., après avoir comparé une ligne dans l'ordre déployé, *à un ruban qui s'effile*, dit qu'*au contraire sa colonne, dans les différens mouvemens qu'on lui fait faire, et dans les différentes positions qu'on peut lui donner, n'éprouve pas plus de dérangement et d'altération dans les individus qui la composent, que n'en éprouve la position respective des parties d'une brique qu'on tourne en tout sens.* Et ailleurs, *que les faces de sa colonne sont des murailles, et que les files extérieures d'officiers qu'il y place, en sont les paremens* (1). J'honore beaucoup les Grecs assurément; mais je suis bien aise que la pauvreté de notre langue, ou plutôt sa juste sévérité, n'admette point de pareilles métaphores.

Folard, ainsi que nous venons de le voir dans le chapitre précédent, ne propose sa colonne que comme un ordre accidentel. M. de M... D.... pour premier principe, établit sa plésion pour ordre primitif et habituel de l'infanterie. Sa plésion prend donc la place de notre bataillon. Du reste, il la compose et l'organise de la manière suivante :

« La plésion est de 768 hommes rangés sur » vingt-quatre de front et trente-deux de hau- » teur. Partagée perpendiculairement de la » tête à la queue, ses deux moitiés s'appellent » *manches ;* elles se coupent ensuite parallèle- » ment au front en quatre *sections*, qui ont par » conséquent chacune 24 hommes de front et » 8 de hauteur. Enfin, elles se divisent en deux » *plésionnettes* formées chacune de deux sec- » tions jointes ensemble. A ces trois divisions,

(1) Réflexions sur l'ordre et les manœuvres de l'infanterie, publiées à Bayeux pag. 3, 5 et 17.

» il faut en ajouter deux autres ; chaque man-
» che coupée en deux, donne les *manchettes*
» à 6 de front et 32 de hauteur ; et la plésion
» coupée en croix, donne 4 *manipules*, cha-
» cune desquelles a douze de front et seize de
» hauteur (1) ».

Je ne m'arrêterai point ici à examiner cette organisation. Aux termes près, nous la retrouverons avec tous ses vices dans la colonne, de dernière édition, qui a été exécutée au camp de Bayeux ; et c'est-là que j'en ferai l'analyse.

Je n'ai pas besoin de parler ici de la division des plésions en compagnies, des compagnies en *cinquantaines*, des cinquantaines en *tranches*, des tranches en *décuries*, et puis des *tribuns*, des *centurions*, des *décurions*, des *capitaines d'armes*, de la formation des plésions en régimens, etc. etc. C'est la plésion qui forme le fond du systême ; et peu importe, aujourd'hui que M. de M.... D..... a bien voulu plier sa colonne à la constitution de nos régimens, de savoir comme il vouloit alors plier notre constitution à son systême.

La plésion avoit trois manières de se former ; l'une, que M. de M.... D..... appeloit *en bataille*, consistoit à faire serrer les rangs dans chaque

(1) Traité des Plésions, pag. 44.

section, en laissant deux ou trois pas d'intervalle entr'elles, et le double entre la seconde et la troisième. La seconde manière, qu'il appeloit en *phalange*, étoit lorsque toutes les sections étoient serrées l'une contre l'autre pour faire masse. La troisième enfin étoit lorsque la plésion avoit tous les rangs ouverts.

Voyons, suivant M. de M.... D..., l'objet de ces trois formations : c'est lui que je copie (1).

« La plésion sera *en bataille* toutes les fois » qu'elle arrivera *sur le pré ;* et après l'avoir » fait manœuvrer, on l'y remettra avant de » la renvoyer. Ce sera l'état habituel. C'est » encore dans cet état, et non autrement, » qu'elle marchera le pas redoublé.

» Elle se mettra en *phalange* au moment de » la charge, et seulement à quelques pas de » l'ennemi.

» Elle n'aura les rangs ouverts qu'en mar- » chant loin de l'ennemi, *et en courant* ».

Ces trois manières ont aux yeux de M. de M.... D..... un autre avantage bien précieux; c'est leur conformité avec ces trois formations des anciens, *ordinati, densati, constipati.*

M. de M.... D..... fait d'ailleurs de ses manches et de ses plésionnettes, le même usage que

(1) Supplément au Projet de Tactique, pag. 17.

Folard fait de ses manches et de ses sections. Lorsque sa plésion a ouvert la ligne ennemie, *ce qui*, dit-il, *est toujours infaillible*, elle se sépare par manche ou par plésionnette pour tomber sur les flancs de l'ennemi, et achever de le détruire; c'est ce que M. de M.... D..... appelle *embellir la victoire* (1).

« La division de manches et de manchettes » (poursuit M. de M.... D.....) tiendra lieu » de toutes les divisions du bataillon. Je viens » d'indiquer l'usage des plésionnettes. Les sec- » tions établissent dans mon ordonnance la » plus grande netteté, facilitent le ralliement » et les manoeuvres, et sur-tout empêchent » absolument la profondeur de s'opposer à la » légèreté. Lorsque la plésion change de front » et se sépare par plésionnettes, *toutes les divi-* » *sions changeant de front changent aussi* » *d'usage*, mais de manière que les plésion- » nettes conservent toutes les propriétés et » toutes les manoeuvres de la plésion entière. » Les sections de la plésion deviennent leurs » manchettes, les manchettes leurs sections, » les manipules leurs plésionnettes. Une plé- » sionnette en bataille est donc serrée par man-

(1) Supplément au Projet de Tactique, pag. 12.

» chette, comme la plésion en bataille est serrée
» par section, ainsi du reste ».

M. de M.... D..... fait ici une petite civilité au lecteur sur cet étrange jargon. *J'espère*, dit-il, *que ce détail paroîtra très-clair et très-facile à ceux qui lui donneront un peu d'attention; et il est très-sûr qu'en peu de jours la troupe qui voudroit l'apprendre, le trouveroit bien plus facile encore.*

L'opinion de M. de M.... D..... sur les armes de longueur et sur leur emploi, est conforme à celle de son maître. Il veut seulement, au lieu de pertuisanes, des piques de sept pieds et demi. Il en donne à tous les officiers et sergens, et de plus onze par compagnie. Il les place ensuite dans les deux premiers rangs de chaque section, et dans les deux premières files de chaque flanc, en les mêlant, comme le fait Folard, alternativement avec un fusilier.

Indépendamment des huit compagnies de fusiliers, chacune de cent hommes y compris les officiers, qui forment le fond de la plésion, M. de M.... D..... y ajoute une compagnie de grenadiers à pied, une d'armés à la légère, et une de grenadiers à cheval, toutes trois de cinquante hommes. Ces compagnies sont les appuis, les supports et les accessoires en tout genre de sa colonne.

Cette compagnie de grenadiers à cheval tient, comme on voit, au principe du mélange des armes que M. de M.... D..... emprunte de Folard, mais elle en est une extension; car Folard ne proposoit que des pelotons d'infanterie entrelacés dans les escadrons. M. de M.... D....., selon l'usage, va plus loin, et il veut le mélange réciproque. Au demeurant, en joignant de la cavalerie à ses plésions, toujours fidèle au mépris qu'il fait de la cavalerie, il ne compte guère sur elle; car il ajoute, que *si la plésion étoit sans grenadiers à cheval, ses victoires en seroient peut-être un peu moins complettes, mais qu'elles n'en seroient pas plus difficiles.*

Telle est la formation de la plésion dans les premiers ouvrages de M. de M.... D....., qui sont *un Projet de Tactique* in-4° et le Supplément à ce Projet, dans le même format.

A l'égard de ses manœuvres, je vais rapporter succinctement, et très-succinctement, ses principales. Les extraire fidèlement, et les livrer, sans commentaire et sans réflexion, au jugement du lecteur, ce n'est assurément pas une critique amère; et c'est, malheureusement pour M. de M.... D....., la plus fâcheuse qu'on puisse en faire. On voudra bien observer que dans tout le cours de cet extrait, ce qui est en guillemets est le texte littéral de M. de M.... D..... Le reste est ce que j'y ajoute pour rapprocher et pour lier les matières.

L'objet de la plésion étant toujours de marcher, charger et enfoncer, presque toutes ses manœuvres y sont relatives.

Les mouvemens du front de la plésion ne consistant qu'à se porter en avant, je n'ai rien à en dire. Ce sont ceux des flancs ou des faces qui, selon M. de M.... D....., font la force de son systême, et auxquels, par conséquent, il s'est attaché avec le plus de soin.

On se rappelle l'usage que Folard fait des manches de sa colonne pour prendre en flanc la ligne ennemie qu'il a enfoncée. M. de M.... D..... adopte cette manœuvre pour sa plésion, et l'appelle *partir par manches*. « La manche droite, » dit-il, fait à droite, la manche gauche à » gauche, puis toutes deux marchent, s'éloi» gnant l'une de l'autre ». Suivons cette marche, elle sera curieuse. « On voit avec quelle » promptitude ces deux manches seront sur ces » deux bataillons ennemis, et combien il est » impossible à chacun d'eux de résister, chargé » en cette partie par un petit bataillon de 32

» de front sur 16 de hauteur. Chaque manche » renversera donc le sien à si peu de frais, » qu'elle n'en sera pas moins en état de battre » le suivant, et iroit ainsi jusqu'au bout de la » ligne, si l'ennemi ne trouve pas moyen de » l'arrêter. Mais quel sera ce moyen ? Ces man- » ches remuent avec tant de vivacité ! car dès » le moment qu'elles font leur mouvement, » c'est-à-dire, un simple à droite, elles prennent » la course ; leur front, quoiqu'un peu plus » étendu que celui de la plésion, ne l'est pas » assez pour leur ôter cette légèreté.... Je veux » que le bataillon de seconde ligne ennemie » qui est derrière, s'avance pour arriver au » flanc de cette manche ; mais cette seconde » ligne est à 300 pas ; la plésion en fera bien » 600, puisqu'elle court, pendant qu'elle par- » courra cet espace. Lors donc qu'il arrivera, » il aura fait un voyage inutile ; elle sera déjà » bien loin du point où elle a enfoncé la ligne ; » elle sera 600 pas plus loin, et aura balayé » toute cette partie. Si l'ennemi veut donc » l'arrêter, ce n'est pas comme cela qu'il faut » s'y prendre ; il faut en user comme lorsqu'on » veut empêcher un violent incendie ; sans » perdre de temps à jeter de l'eau dans une » maison qu'il est impossible de sauver, on la » laissé brûler, tandis qu'on travaille plus uti-

» lement à abattre celle qui suit, pour empê-
» cher les flammes de se communiquer à toutes
» l'une après l'autre ; de même il faut laisser fuir
» quelques bataillons, puisqu'on ne peut l'em-
» pêcher. Ce sera donc à un bataillon éloigné
» qu'on cherchera à donner du secours ».

(Je prie mes lecteurs de ne pas se rebuter, car j'élague encore beaucoup pour arriver.)

« Enfin je suppose qu'un bataillon de la seconde
» ligne ennemie arrive sur le flanc de la man-
» che pour le charger quand elle passera de-
» vant lui, alors la manche peut jouer à ce
» bataillon un plaisant tour. Lorsqu'elle sera
» prête à passer devant son front, elle fera à
» droite, et marchera comme si elle vouloit
» aller à la seconde ligne. Quand elle sera à
» hauteur du bataillon, elle se remettra ensuite
» par un à gauche, et ira charger son flanc.
» Ceci a l'air d'une plaisanterie ; mais qu'on
» cherche sérieusement si le bataillon peut faire
» à temps quelques manœuvres pour éviter ce
» croc-en-jambe. Mais quand on parviendroit
» à charger le flanc de ma manche, reprend
» M. de M.... D....., je ne sais pas trop ce qui
» en arriveroit. Prise de ce sens, c'est une petite
» colonne de 12 de front, et de 32 de hauteur.
» Cette tête n'est rien moins qu'un flanc foible.
» Je conviens bien qu'elle est un peu trop

» mince, car nous n'en admettons point au-
» dessous de 16; mais nous avons remède à
» tout. Quand la manche verra donc à 25 ou
» 30 pas un corps qui va charger son flanc, les
» 16 premières files continueront de marcher
» 12 pas, faisant serrer les rangs à la pointe
» de l'épée, et les 16 dernières feront ferme.
» Ensuite les premières s'arrêtant et faisant
» face, les autres se porteront à côté d'elles
» pour former une fausse plésionnette, qui,
» ayant 24 de front et 16 de hauteur, sera en
» état de percer le bataillon ennemi, etc. etc.
» Enfin, quand l'ennemi aura ramassé trop de
» force, ou que la manche sera fatiguée, et ni
» l'un ni l'autre n'arrivera qu'après qu'elle
» aura fait bien du mal dans la ligne, elle
» se retirera triomphante, et sans aucun
» désordre (1) ».

Mais ces mouvemens de la plésion par manches, tout formidables qu'ils viennent d'être présentés, ne sont rien encore. Arrivent ensuite les mouvemens par plésionnettes; pour ceux-là, M. de M.... D..... en revendique l'honneur, et les met bien au-dessus des mouvemens par manches imaginés par Folard. Je voudrois pouvoir les extraire; mais ce sont

(1) Projet de Tactique, Chap. 3, Art. 2.

huit grandes pages, toutes de la même force et de la même logique que celles que je viens de citer. Les plésionnettes se séparent de la plésion comme les manches, puis vont toujours marchant, courant, abattant, enfonçant tout ce qui se présente. « *Les plésion-*
» *nettes*, dit M. de M.... D....., peuvent
» en un moment décider une bataille. Il n'y
» a ni forces ni manœuvres qui doivent arrê-
» ter, ni seulement retarder leurs ravages : elles
» doivent continuer de renverser tout ce qui
» se trouvera devant elles en ligne ». Cela est démontré, au surplus, par une supposition accompagnée de plans, dans laquelle trois plésions seules, « *à la vue de toute l'armée qui n'a*
» *besoin que d'un moment de bonne conte-*
» *nance*, gagnent une victoire très-prompte,
» très-complette, et très-peu sanglante. Il n'y
» a dans cette grande bataille qu'un seul ba-
» taillon ennemi attaqué, et il l'est par des
» forces quadruples ; tout le reste n'est que
» pure déroute. A des batailles gagnées par
» des plésions, conclut enfin M. de M... D.....,
» on pourroit voir vrai, au pied de la lettre,
» le propos du maréchal de Tallard : gagner
» plus de drapeaux qu'on ne perdroit de
» soldats (1) ».

(1) Projet de Tactique, Chap. 3.

Folard avoit dit que sa colonne auroit, par la petitesse de son front, la facilité de faire écouler une première section rompue, qui iroit se rallier à la queue, tandis que le reste feroit ferme. M. de M.... D..... défend et adopte cette manoeuvre; c'est celle qu'il a conservée dans l'ordre François, sous le nom de *remplacer*. Voyons comme il la défend : cet échantillon de logique est encore une chose curieuse.

« Ce mouvement, dit M. de M..... D....., » sera cependant assez rare, parce que jamais » une colonne ne trouve de résistance capable » de déranger sa tête : il faut pourtant l'ap- » prendre aux troupes, ne fût-ce que, si on » se trouvoit par hasard dans le cas d'y avoir » recours, afin qu'elles connoissent cette ma- » nœuvre et ne la prennent pas pour une fuite. » Je ne m'amuserai point à faire voir son usage » et sa facilité, qui se présentent assez naturel- » lement; je m'attends bien qu'on y trouvera » des difficultés, mais il seroit trop long de » les applanir. Chacun pensera de ce mouve- » ment ce qu'il lui plaira. Qu'il soit impra- » ticable, il n'y a qu'à ne pas s'en servir, ce » ne sera jamais un défaut dans la plésion, » comparée au bataillon, qui n'est pas capable » d'une pareille manœuvre; ce ne sera qu'un

» avantage de moins qu'elle aura sur lui. Je
» demande seulement à ceux qui ne goûtent
» pas le mouvement en question, la permis-
» sion de m'en servir tant que je voudrai
» lorsque je ne serai pas pressé par l'ennemi :
» je leur représenterai aussi, à compte sur ce
» que je pourrois dire pour le justifier, qu'il
» n'est rien moins que neuf, que c'est le même
» précisément que celui d'une colonne qui
» fait le feu de chaussée, que les turmes des
» anciens le faisoient tous les jours, et quel-
» que chose de mieux, que les Indiens l'em-
» ployèrent contre Valdivia, gouverneur du
» Chili. Leur manoeuvre étoit bien plus dif-
» ficile que la nôtre. Leur colonne étoit de
» 15000 hommes, conséquemment beaucoup
» plus large et plus longue qu'une plésion ; il
» étoit donc bien plus long pour la première
» section de démasquer la seconde ; il lui falloit
» bien plus de temps pour regagner la queue.
» Pendant tout ce temps elle étoit poussée
» vivement, car c'étoit de la cavalerie qui
» attaquoit cette colonne Indienne : avec tout
» cela, les Barbares firent place dix fois. Les
» Espagnols voyant que, par cette manoeuvre,
» le combat ne finissoit point, prirent le parti
» de la retraite ; mais les Indiens y avoient
» pourvu, de sorte qu'ils périrent tous. Sans

» trop nous flatter, nous pouvons donc espérer
» d'exécuter une manœuvre qui ne fut pas
» trop difficile pour des Chiliens, et ne pas
» craindre, d'après cet exemple, que lorsque
» nous ferons faire place à la première section,
» toute la troupe s'en aille à la débandade.
» Je compte bien même qu'au moyen d'une
» petite bagatelle Romaine qui sieroit fort bien
» à la plésion, il n'y aura pas un seul homme de
» la seconde section qui suive la première, et
» qui profite de l'occasion pour s'enfuir (1) ».

Cette *petite bagatelle Romaine* est encore à venir, et je ne m'attacherai point à la deviner. Mais quelle apologie! des exemples pris au Chili! des Chiliens en colonne! Cela me rappelle Folard, qui, pour appuyer son opinion contre la cavalerie, cite l'exemple du roi David, qui fit couper les jarrets à tous ses chevaux. J'avoue que Roi pour Roi, j'aime mieux, en faveur de la cavalerie, l'exemple du roi Frédéric, qui a perfectionné l'art d'employer utilement les jarrets des siens.

Venons à l'emploi que M. de M.... D..... veut faire de la plésion pour l'action de feu.

Il nous fait grace de la prétention qu'avoit Folard, de tirer du feu de sa colonne, et il

(1) Traité des Plésions, pag. 87 et 88.

avoue que la colonne et même la plésion dans leur état naturel, sont très-peu propres à la mousqueterie. Voici ensuite les principes qu'il établit à ce sujet.

« 1°. On ne doit jamais, et la plésion n'ou-
» bliera pas ce principe, s'amuser à la mous-
» queterie que lorsqu'il est impossible d'em-
» ployer l'arme blanche.

» 2°. Si la plésion ne peut aller à la charge,
» se trouvant totalement séparée de l'ennemi
» par un obstacle qu'elle ne peut franchir, à
» plus forte raison l'ennemi ne peut la charger.

» 3°. Elle peut donc prendre telle disposition
» qu'elle voudra; quelque ridicule qu'elle pa-
» roisse, elle sera toujours très-bonne si elle
» fournit beaucoup de feu ».

Voici maintenant l'extrait des moyens par lesquels M. de M.... D..... remplit très-fidèlement ce troisième principe.

« Le premier moyen sera de se développer
» tout uniment par sections en ligne pleine,
» et alors la plésion sera à deux de jeu avec
» le bataillon : elle sera, à la vérité, sur huit
» de hauteur; mais les derniers rangs char-
» geront les fusils, et les faisant passer au
» premier, le feu sera plus vif que celui du
» bataillon.

» Si l'on ne veut pas de cela, mais seulement

» d'une ligne de mousqueterie à trois de hau-
» teur, on ne fera que tirer de la queue de
» la plésion de nouveaux pelotons, que l'on
» joindra aux grenadiers à pied et armés à la
» légère, pour former cette ligne en avant des
» plésions raccourcies.

» On peut encore faire tirer la plésion par
» tranches : la première, aussitôt après avoir
» fait sa décharge, passant à la queue pour
» démasquer la seconde, et ainsi des autres.

» Il est mille autres moyens de faire tirer
» la plésion, et pour cela de la mettre *en*
» *tenaille, en tenaille renversée, en scie* ».
L'auteur veut bien nous épargner tous les mouvemens de la plésion pour se former ainsi en festons et en découpures. Quant à moi, pour critiquer, je n'ai toujours qu'à exposer fidèlement, et à me taire.

Dans son Supplément à son Projet de Tactique, M. de M.... D..... étend encore ses moyens de feu.

D'abord, il ne développe plus sa plésion par sections, mais sur une ligne mince et allongée comme nos bataillons, c'est-à-dire, à trois de hauteur. C'est-là qu'il emploie ce fameux développement sur le centre, qui joue ensuite un rôle si principal dans ses fragmens de Tactique et dans ses réglemens de manœuvres.

Comme les grandes découvertes n'ont pas toute leur perfection à leur origine, on voit qu'il la tâtonne et qu'il n'y est pas encore bien affermi. Quoi qu'il en soit, cette manœuvre, qu'il appelle *développer la plésion par cinquantaine pour faire feu de ligne*, est en effet, à quelques détails d'exécution près, le même mouvement par lequel il déploie aujourd'hui sa colonne, et contient le germe de toute l'organisation centrale qui est maintenant la base de son systême.

Mais est-ce un moyen neuf que M. de M.... D..... a trouvé, comme il le prétend? Et la gloire de cette découverte, s'il y a de la gloire à une découverte aussi mince dans le fond et aussi dangereuse par l'application qu'il en fait, lui appartient-elle en effet? Je n'ai pour détruire cette prétention, qu'un seul fait à lui opposer.

Avant que M. de M.... D..... eût songé à développer sa plésion par le centre, c'est-à-dire, sur sa tête, l'ordonnance de l'exercice de l'infanterie formoit la colonne d'attaque sur le centre des deux bataillons, et la remettoit ensuite en bataille par le mouvement contraire. Ce moyen de replier sur le centre les deux ailes d'une troupe pour la former plus promptement en colonnes, et ensuite de la développer sur sa tête pour la remettre en ligne, étoit donc connu ? Et c'est de lui que M. de M.... D..... a emprunté la grande cheville et le mécanisme universel de son systême. Prouvons cela par les dates.

Le Projet de Tactique ou le Traité des Plésions, est de 1755, et il n'y est nullement fait mention du développement sur le centre. Cette manoeuvre *par cinquantaine*, dont j'ai parlé ci-dessus, n'existe que dans le Supplément à son Projet de Tactique, lequel Supplément n'est imprimé qu'en 1758.

Or, l'ordonnance d'exercice de l'infanterie, dans laquelle étoit la colonne d'attaque formée par le centre, est de 1753; et cette colonne alors ne parut ni rien de nouveau, ni rien de merveilleux.

Il y auroit de la malignité à pousser plus loin cet extrait; à parler d'un certain *feu de manchettes*, contre lequel l'auteur prétend *que jamais ligne de bataillon ne pourra tenir*, et de dix autres manoeuvres de la même force. Il les a presque toutes abandonnées, et l'analyse de celles qu'il a conservées en les corrigeant et les modifiant sans cesse, retrouvera ailleurs sa place. Passons à ses principes et à ses manoeuvres de grande Tactique.

Comme Folard, M. de M.... D..... pense

que l'ordre de bataille le plus avantageux est sur une seule ligne, que presque jamais il n'est arrivé qu'un combat perdu par la première ait été rétabli par la seconde; que par conséquent il faut porter autant qu'on le peut, toutes ses forces à cette première ligne, et rendre son choc décisif.

De-là M. de M.... D..... veut qu'une armée de plésions se range sur une seule ligne avec des espaces entr'elles qui soient le double de leur front. C'est-là son ordre habituel. Au besoin il diminue ses intervalles, et c'est pour rassembler encore plus de forces dans un plus petit espace. Son principe est toujours de se raccourcir; jamais il ne craint d'être débordé: c'est pour nos foibles lignes que ce préjugé pusillanime est fait.

Quelquefois cependant il lui arrivera de mettre ces plésions sur deux et trois lignes; mais ce sera alors parce que le terrein lui manquera absolument, ou pour réunir encore plus de troupes sur un point; mais alors ces lignes ne seront qu'à 25 toises de distance l'une de l'autre; elles seront tant pleines que vides; et au moment du choc elles s'enchâsseront pour faire une seule ligne pleine, ou bien se pénétreront successivement pour renouveler leurs efforts. Mais écoutons M. de M.... D..... lui-même, et pour cela transcrivons toujours littéralement ses principaux résumés.

« On peut opposer aux plésions tant de » lignes qu'on voudra. Ces lignes peuvent » être arrangées pleines, ou tant pleines que » vides, enfin, comme l'ennemi voudra, » nous n'en tiendrons pas compte, et il ne » nous en coûtera guère plus pour en battre » douze que pour en battre une seule. C'est » pourquoi nous n'avons pas besoin de seconde » ligne ; il vaut mieux en faire une qui, com- » battant les ennemis avec tous les avantages » possibles, l'expédiera bien vîte, et toutes les » autres aussitôt après. Nous n'en ferons donc » jamais qu'une, quelque nombre qu'il plaise » à l'ennemi d'en avoir, et nous souhaiterons » toujours qu'il les multiplie. Notre victoire » n'en sera pas moins sûre et beaucoup plus » complette. Il pourra seulement nous arriver » quelquefois de doubler la ligne dans cer- » taines parties, pour quelque raison particu- » lière. Nous pouvons même en faire deux et » trois lignes, lorsqu'ayant une grande armée, » elle se verra serrée, nous aurons des troupes » à n'en savoir que faire.

» Dans le cas où nous aurons plusieurs » lignes, nous ne laisserons de l'une à l'autre » que 25 toises d'intervalle, et d'autres fois

» nous les rapprocherons encore davantage.
» Trois lignes de plésions ainsi rapprochées
» n'en font proprement qu'une, qui a tous les
» agrémens de la pluralité sans en avoir les
» défauts.

» Par la facilité que plusieurs lignes de plé-
» sions auront ainsi de se pénétrer, il ne peut
» arriver ni désordre ni malheur qu'il ne soit
» sur le champ réparé. Je suppose, par exem-
» ple, que la première ligne de plésion trou-
» vant une résistance à laquelle elle n'est pas
» accoutumée, paroisse s'ennuyer du combat,
» pour la délasser on fait avancer et charger la
» seconde, sauf à ramener ensuite la première,
» et ainsi successivement, ou à les faire charger
» toutes deux en même temps, pour former
» une seule phalange doublée, coupée par de
» très-petits intervalles.

» On m'objectera peut-être que la seconde
» ligne étant si près, souffrira du feu de l'en-
» nemi. Elle n'en souffrira guère, car la
» dispute ne sera pas longue. Elle sera d'ail-
» leurs masquée par la première.

» Pour abréger donc, et ne rien répéter,
» je dirai hardiment qu'il ne s'est jamais vu,
» même sur le papier, un ordre comparable
» pour la force à celui d'un corps de plésions
» sur deux ou trois lignes, tant pleines que

» vides, distantes l'une de l'autre de 25 toises.
» Qu'on ne me dise point ici que cela raccour-
» cit prodigieusement le front de l'armée; je
» parle de cette disposition en elle-même, et
» ne prétends pas qu'il faille l'employer sur
» le front de l'armée et en toute occasion,
» quoique à dire vrai il n'y eût pas de danger,
» car les flancs ne craignent rien (1). »

Par quels moyens M. de M.... D..... prétend-il *assurer ses flancs, et se laisser déborder tant qu'on voudra, sans que cela rallentisse ni dérange un moment sa victoire ?* C'est en plaçant aux ailes de son armée 4 plésions avec leurs pelotons et 4 escadrons. Ces troupes doivent s'y ranger par échelons, et embrasser le flanc des ennemis quand ils croiront envelopper le sien : *ainsi*, dit M. de M... D...., *fit César à Pharsale, avec une réserve de* 6 *cohortes qui couvroient sa droite. Si donc dans cette mémorable journée cette protection suffit pour garantir des flancs découverts et débordés, on peut croire que les flancs des plésions qui, sans ce secours, n'auroient rien à craindre, seront doublement tranquilles.* Au reste, M. de M.... D..... se hâte d'ajouter « qu'avec une armée de plé-

(1) Traité des Plésions, Chap. XI.

» sions il n'aura pas tant de façon à faire ; » car, encore une fois, une armée de plésions » n'a jamais rien à craindre pour ses flancs ; » elle va toujours devant elle ; elle n'a à faire » qu'à l'ennemi qu'elle a en tête : par-tout où » nous changerons de front, nous renverse- » rons aisément l'ennemi. Nous le renverse- » rons donc par-tout où nous le rencontre- » rons, inférieur ou supérieur (1). » Quelle logique, bon Dieu !

Qui pourroit croire au surplus, ceci n'est point défaut de logique, mais de connoissance absolue de la manière dont se remuent les armées, que M. de M.... D..... suppose que l'armée ennemie ne pourra le déborder qu'en se recourbant sur ses flancs par des quarts de conversion, et qu'ainsi alors il la verra venir, ira dès ce moment au-devant d'elle, et tombera sur son flanc, que de-là par conséquent il emploie six grandes pages à calculer au pied, au pouce et à la minute, la lenteur et l'inconvénient de ce mouvement de conversion ? Est-ce qu'une armée moderne bien conduite, partiroit de son ordre de bataille et de lignes parallèlement étalées devant lui pour le déborder ? Est-ce qu'elle ne le tourneroit pas

(1) Chap. XI, pag. 270.

par sa marche? Est-ce qu'elle ne déboucheroit pas par son flanc en même temps qu'elle menaceroit son front, ainsi que l'ont fait le roi de Prusse à Lissa, le prince Ferdinand à Crevelt, etc.? Est-ce que le pays ne favorise pas presque toujours ces sortes de mouvemens? Le maître et le disciple, pleins de l'antiquité, ne voyent jamais que les plaines de Pharsale et d'Arbèle. Ces plaines ressemblent beaucoup en effet au papier blanc sur lequel ils font leur supposition. Je m'arrête, car encore une fois ce n'est point ici que je veux répondre; je n'y veux que rendre compte et extraire.

Mais comment remplir cette tâche pour ce qui concerne les ordres de bataille proposés par M. de M.... D.....? Ce sont des ordres parallèles de trois ou quatre espèces, des obliques simples, des obliques doubles, des ordres perpendiculaires ou par divisions séparées, le tout partant de lignes déjà formées, sans aucune relation avec les ordres de marche, et sans aucune supposition locale. L'ennemi auquel il a affaire est toujours étalé, compté, aligné, passif. S'il oppose quelques manoeuvres aux mal-adroits mouvemens des plésions, ce sont des manoeuvres plus mal-adroites encore. Enfin ce sont des barbares contre des barbares. Il n'en faut pas accuser M. de M....

D..... : il emploie les connoissances qu'on avoit alors. A l'époque où il écrivoit, on n'en savoit pas davantage. Les ressources de la tactique moderne étoient dans la tête d'un seul homme, et elles étoient encore des secrets, même pour les ennemis qui étoient battus par elle. Continuons cependant d'extraire les résultats que M. de M.... D..... se promet de cette étrange tactique.

« Jusqu'ici, dit M. de M.... D....., on a vu » la plésion supérieure à tout corps d'infan- » terie ou de cavalerie dans l'ordre actuel, » mais c'est dans les batailles rangées qu'il faut » la voir; c'est-là qu'elle est dans toute sa gloire. » Une armée de plésions possédant en grand » toutes les propriétés d'une seule, est sûre, » par sa force, de renverser tout ce qu'elle » charge de front. Par la rapidité et la légèreté » de ses mouvemens, elle est sûre que l'ennemi » ne parviendra jamais à engager le combat » par ses flancs. Sûre, par conséquent, de ne » combattre que dans son plus grand avan- » tage, elle l'est de vaincre très-aisément tou- » tes les fois qu'elle combattra inférieure ou » supérieure. Et quand l'ennemi pourroit atta- » quer nos flancs, nous nous en inquiéterions » peu encore; ils sont aussi forts que le front. » Quand ils ne seroient pas à l'abri de tout

» accident, et que les corps qui les protégent
» seroient battus, cela n'auroit pas de suite;
» d'autres plésions surviendroient, l'ennemi
» trouveroit toujours à qui parler; ses succès
» ne feroient que nous raccourcir, sans nous
» mettre en désordre; notre ligne aborderoit
» dans tout le front de la sienne, et termine-
» roit bien vîte l'affaire.

» Cet avantage de ne point craindre pour
» nos flancs, fait que nous n'avons pas besoin
» de bons postes. Notre ordre de bataille est
» un poste excellent que nous portons par-
» tout. Il ne nous arrivera jamais, comme
» cela ne manque pas d'arriver à une armée
» supérieure qui combattroit en plaine dans
» l'ordre ordinaire, comme cela est arrivé
» souvent à des armées égales, et même supé-
» rieures, comme cela est arrivé enfin à des
» armées bien postées, mais qui, perdant ou
» gagnant du terrein, n'ont pu conserver
» cet avantage, d'être attaquées en flancs et
» battues. On ne peut pas nous faire de pa-
» reilles attaques, et on nous les feroit très-
» inutilement (1). »

Mais poursuivons, ceci devient de plus en plus curieux. « La variété des plésions, leur
» facilité, et la promptitude avec laquelle elles

(1) Projet de Tactique, pag. 438 et 439.

» changent d'ordre quand elles veulent, suf-
» fisent pour leur donner de continuelles vic-
» toires. Elles sont susceptibles de toutes les
» formes et de toutes les dispositions imagina-
» bles. Les prendre et les quitter, c'est un
» badinage pour nous. En cent ans de guerre
» nous pourrions ne pas combattre deux fois
» de la même façon. En un mot, tout ce qui
» s'appelle grande manœuvre est si simple et
» si aisé pour les plésions, qu'employant une
» ordonnance si commode, je n'ai pas eu de
» peine, moi Tacticien indigne, de rendre plus
» prompt, plus facile et plus sûr cet ordre
» oblique si vanté, mais si difficile à toute
» autre ordonnance, et à inventer l'ordre per-
» pendiculaire d'un usage plus facile encore,
» plus étendu et plus avantageux. C'est par lui
» qu'une armée, dans mon systême, abordera
» l'ennemi, le chargera à l'arme blanche lors
» même qu'il sera remparé d'obstacles inacces-
» sibles sur les $\frac{99}{100}$ de son front, et sera sûre,
» quoiqu'inférieure, de le battre dans un poste
» si avantageux. C'est ce même ordre qui, em-
» ployé dans les affaires de postes, les rendra
» courtes, peu sanglantes et décisives. C'est
» lui qui, employé à la défense, rendra les
» postes imprenables, ou du moins inconser-
» vables quand on les aura pris. Enfin c'est par

» cet ordre employé en plaine, en trois ou
» quatre parties de la ligne, que l'on pourra
» former sous le nez de l'ennemi, ses divisions
» de bataille, qui le perceront par autant d'en-
» droits, sans que le reste de son armée puisse
» prendre part au combat.

» Aujourd'hui gagner une bataille, c'est
» perdre du monde, en tuer un peu plus,
» pousser l'ennemi quelques lieues en arrière,
» pas toujours encore; pour nous une bataille
» ou une victoire, ce qui sera toujours syno-
» nyme, consistera à voir l'ennemi, courir à
» lui, perdant quelques centaines d'hommes,
» et détruire son armée en moins de temps
» qu'on n'en a mis à lire la moitié de ce
» chapitre ».

Avoir prouvé ainsi, et comme on voit par de bons et solides raisonnemens, qu'il n'y a point de bataille qu'il ne doive gagner par son systême, paroît à M. de M.... D..... trop peu encore. Il entreprend de démontrer l'universalité de la supériorité des plésions dans tous les cas et sous tous les rapports. Il met donc successivement une plésion aux prises contre de l'infanterie, et ensuite contre de la cavalerie, et par-tout elle est victorieuse. Ensuite il la conduit dans toutes les opérations que la guerre peut offrir. Attaques de flancs d'armée, embuscades, attaques d'arrière-garde, attaques en marche, surprises d'armées, passage des rivières, descentes, guerre de montagnes, attaques et défenses de retranchemens, siéges; un chapitre est employé à chacune de ces opérations, et par-tout la plésion est *la meilleure, la plus commode, la plus sûre et la plus formidable ordonnance qui ait jamais existé.* Cet enthousiasme rappelle celui de Végèce, quand il dit à la fin de son Ouvrage, en parlant des Romains : *Un Dieu leur inspira la légion ;* mais l'enthousiasme de Végèce étoit excusable; la légion n'étoit pas de sa création, et elle avoit vaincu l'univers.

Encore deux ou trois citations pour compléter cet extrait : elles sont tirées d'un chapitre destiné à prouver que l'arrangement de la plésion donne en quelque façon la valeur et la discipline (1).

« Le même homme sera toujours plus brave, » ou du moins se comportera mieux dans la » plésion que dans le bataillon.....

» Supposons dans la plésion cinquante mi- » liciens qui ont eu le billet le matin, rem- » parés de plusieurs rangs et files de toutes » parts, ils se croiront invulnérables, et n'au-

(1) Projet de Tactique, Chap. I, Art. 5.

» ront pas tout-à-fait tort. Le bruit les éton-
» nera d'abord un peu ; mais il n'y a pas
» moyen de s'enfuir, il finira par les animer.
» On court, ils croiront qu'on poursuit.

» Dans la plésion enfin il n'est pas possible
» de s'enfuir. Cela le seroit, si l'on veut, aux
» derniers rangs. Mais ils ont une si petite part
» du danger, que l'envie ne leur en prendra
» pas. Pour le reste de la troupe, les premiers
» rangs sur-tout, ils sont trop bien soutenus
» pour pouvoir reculer. Il n'y auroit pour
» eux qu'un moyen de s'en aller. Par côté! Mais
» cela n'est point encore possible à ceux du
» centre. Il faudroit déranger bien du monde.
» Ceux des flancs auroient plus de facilité.
» Mais ce sont la plupart des officiers ou ser-
» gens, au moins tous gens sûrs. D'ailleurs c'est
» une fuite trop raisonnée. Le seul mouvement
» naturel à la peur, c'est de tourner le dos et
» de s'éloigner du danger par le plus court
» chemin. Je veux malgré cela que de la tête
» de la plésion quelqu'un s'en aille par côté.
» Où ira-t-il ? Ou il filera le long de la plésion
» et très-près, se faisant assommer ; car cela
» ne manquera pas de lui arriver : la plésion
» est intéressée à punir sa lâcheté, et les offi-
» ciers répandus par-tout auront soin de cette
» exécution ; ou il ira donner dans le front des

» grenadiers à pied, qui feront la même opé-
» ration, ou dans les grenadiers à cheval, qui
» ne le traiteront pas mieux. La fuite sera
» donc, dans une plésion, beaucoup plus dan-
» gereuse que le combat, et comme on aura
» eu soin d'en instruire la troupe, qu'il faut
» d'ailleurs raisonner pour trouver le moyen
» de s'enfuir, il n'y a assurément personne qui
» ne fasse un raisonnement très-simple, c'est
» que de deux dangers il faut s'en tenir à celui
» qui est en même temps le moins grand et le
» plus honnête ».

Rien ne prouve assurément mieux que la plésion est propre à tout; car ici on vient de voir que c'est l'ordre qui convient à la lâcheté. Et dans vingt autres passages, M. de M.... D..... avance que c'est celui qui convient par excellence à la valeur et à l'audace; et c'est sur cela qu'il se fonde principalement pour le proposer à la nation.

Tel étoit le systême des plésions de M. de M.... D..... dans son état primitif. Nous allons voir dans le chapitre suivant, par quelles modifications il a passé, jusqu'au moment de la grande épreuve faite aux camps de Bayeux et de Saint-Malo.

CHAPITRE IV.

*Systême de M. de M.... D..... accommodé à notre constitution, et mis sous le nom d'*Ordre François.

Ce systême des plésions qui promettoit des victoires si promptes, si infaillibles et si peu sanglantes, paroissant au milieu des deux premières campagnes de la guerre dernière, étoit fait pour être accueilli. Celui de Folard avoit de même trouvé un moment de crédit dans les malheurs de la guerre de la succession. Les temps se ressembloient beaucoup; les troupes se plaignoient des généraux, les généraux ne se louoient pas des troupes; les gens qui ne vouloient mécontenter personne, disoient que nos malheurs étoient la faute de la Tactique, comme si cependant cette Tactique n'étoit pas celle avec laquelle nous battoient les ennemis. Quelques officiers imbus des principes puisés dans Folard et dans Puységur, qui étoient alors les seuls ouvrages classiques, réclamoient l'ordre profond et les armes de longueur. Le maréchal de Belle-Isle, alors ministre de la guerre, goûta donc le systême des plésions, et il fut au moment d'en former un régiment sur le plan de l'auteur. Cet essai devoit se faire à l'armée. Sa mort empêcha malheureusement cette épreuve ; car elle nous auroit dispensé de la réfutation que nous faisons aujourd'hui. M. le maréchal de Broglie parvint au commandement de l'armée ; il chercha à l'organiser sur les principes du roi de Prusse, et il y réussit à quelques égards ; il mit du moins la discipline à la place du désordre ; enfin il rendit l'honneur à nos armes, il gagna des batailles ; et il ne fut pas question des plésions.

Le systême des plésions resta assoupi jusqu'en 1774 ; et j'avoue que d'après l'étude réfléchie que j'en avois faite, je croyois que c'étoit du sommeil éternel. Mais M. de M.... D....., fidèle au serment qu'il avoit consigné dans ses Ouvrages, *de ne jamais abandonner la cause de l'ordre profond*, travailloit en silence, et fit paroître cette année un nouvel *in-quarto* intitulé *Fragmens de Tactique*, et contenant six Mémoires, précédés d'un Discours préliminaire.

Le premier Mémoire, sur les chasseurs et sur la charge.

Le second, sur la manœuvre de l'infanterie.

Le troisième, sur la colonne et sur les principes de Tactique.

Le quatrième, sur les marches.

Le cinquième, sur les ordres de bataille.

L'honneur du sixième me concerne. C'est une longue et vive critique de *l'Essai général de Tactique*. Je n'y ai pas répondu dans le temps, et je n'y répondrai pas davantage ici; car je me flatte qu'on voudra bien ne pas regarder cette réfutation comme une réponse, quoiqu'elle me nécessite quelquefois à la répétition des principes établis dans l'Essai général. Il y a entre M. de M.... D...... et moi une différence essentielle, qui doit rendre mon amour-propre moins susceptible et moins ardent à répondre, c'est qu'il défend son systême, et moi un systême que je n'ai pas créé. J'écris pour la défense de l'art, et lui pour la sienne propre.

A la suite de ces premiers Fragmens en parurent bientôt de nouveaux, contenant trois autres Mémoires; le premier, *sur l'Artillerie*; le second, *sur le langage militaire*, et le troisième intitulé *Projet d'une instruction sur les manœuvres de l'Infanterie*.

C'est cet amas de Mémoires qui compose en quelque sorte la seconde édition du systême de M. de M.... D......, c'est-à-dire, le systême des plésions approprié aux bataillons. « Là, semblant condescendre aux préjugés » de son siècle, et sentant (ce sont ses ex-

» pressions) qu'il faut des ménagemens pour » la prévention, quand elle est à certain » point forte et générale ; *il veut bien* pour » quelque temps renoncer aux plésions, et » prendre les bataillons au point où il les trouve » pour leur donner les dispositions et manœu- » vres plésionniques, c'est-à-dire, les avantages » et les propriétés des plésions leurs rivales. » Par-là, ajoute-t-il, il travaille à perfectionner » lui-même son système actuel et la manière de » l'employer, pour tâcher de faire évanouir » les raisons qui le lui ont fait rejeter ; enfin il » rapproche et il identifie tellement les deux » méthodes les plus opposées, qu'elles ne font » plus qu'une, et que, parvenu à cette mé- » thode ainsi composée et modifiée, les parti- » sans du système actuel pourront croire n'en » avoir point changé, avec autant de raison » qu'il pourra croire leur avoir donné le » sien (1) ».

Après cet aveu dépouillé d'artifice, voyons cependant comment M. de M. . . . D . . . . . opère ce merveilleux amalgame. D'une part, il donne au bataillon l'organisation de sa plésion, en faisant à ce premier l'honneur ou

(1) Discours préliminaire des Fragmens de Tactique pag. 51 et 52.

plutôt la mauvaise plaisanterie de lui laisser son nom. Il propose ensuite la colonne comme ordre primitif et habituel ; il tient à tous ses principes de grande Tactique, tels qu'au raccourcissement des ordres de bataille, à un emploi différent de la cavalerie, etc. etc. De l'autre part, il s'approprie tout ce qu'il trouve de bon dans la Tactique moderne. Perfection dans les détails, moyens de manoeuvres, manoeuvres même, tant en grand qu'en petit, enfin cette Tactique Prussienne qu'il déchire tant, nos ordonnances d'exercice, moi-même, il met tout à contribution pour tirer son systême de l'état de barbarie. N'anticipons point sur le jugement que nous croyons qu'il y aura à porter de ce bizarre assemblage : une analyse approfondie doit le précéder et lui servir de base.

Des noms tirés de l'antiquité, n'avoient point assez agi sur les esprits. M. de M.... D...... prend le parti d'intituler formellement son nouveau systême, l'*Ordre François*, par opposition, dit-il, à l'ordre étendu qu'il nomme l'*Ordre Prussien*. De-là ensuite il appelle à son secours les préjugés nationaux. Il réveille tous les lieux communs sur l'audace et sur la valeur françoises, sur l'impossibilité que notre caractère nous donne d'atteindre à une certaine perfection de manœuvre. Il tourne au détriment du systême actuel les variations, les travaux de nos troupes depuis la paix; comme s'il n'étoit pas tout simple de tâtonner ce qu'on ignore, comme si les armées Prussiennes elles-mêmes n'avoient pas passé par vingt ans d'école, et vraisemblablement, par conséquent, de travail, d'incertitudes et de fautes. La tactique qu'il va substituer à cette tactique étrangère anti-nationale, destructive de notre génie, n'exigera de la part des troupes ni étude ni fatigues : elle doit sur-tout alléger et adoucir le sort des officiers particuliers sur lesquels on pèse avec tant de vexation depuis la paix; et qu'on voudroit assimiler aux *officiers étrangers, qui sont des automates sans autre affaire, idée, fortune, ni domicile que leurs pelotons* (1). Avec ces paroles, qui sonnent agréablement aux oreilles de la foule, on tâche de se préparer des suffrages, ou du moins des partisans.

Malgré cette nouvelle forme et ces moyens, le systême de M. de M.... D..... ne prenoit cependant pas faveur, quand l'appui de M. le maréchal de Broglie en a fait tout-à-coup la

(1) Réflexions sur l'ordre et les manœuvres de l'Infanterie, pag. 51.

plus grande et la plus importante affaire qui pût s'élever dans le militaire. D'abord il en a fait faire l'essai à Metz par les régimens de Limousin et de la Couronne. De-là, nommé l'été dernier au commandement des camps de Bretagne et de Normandie, il y a fait faire en grand, et par toutes les troupes à ses ordres, les épreuves qu'il avoit faites à Metz deux ans auparavant, avec quatre bataillons seulement.

Au nom de M. le maréchal de Broglie, en considérant sa gloire, son expérience, cette prépondérance en tout genre qui l'accompagne; en pensant que j'ai été élevé à son école, que mon père est un de ses plus anciens et de ses plus fidèles serviteurs, la plume me tombe des mains; mais quand je réfléchis que ce n'est pas mon opinion que je prends la liberté de placer à côté de la sienne, que je ne suis que l'organe de celle de la plus grande partie de l'Europe militaire, que le systême que je défends est celui du roi de Prusse, c'est-à-dire, du plus grand homme de guerre qui ait paru depuis César, et du général des généraux; quand je crois sur-tout, et non par entêtement et par orgueil, puisqu'il n'y a ici de moi que le mince mérite de la rédaction, mais avec le désintéressement le plus pur, que l'adoption du systême de M. de M.... D.... auroit pour la nation et pour l'armée les conséquences les plus funestes, j'ose me ranimer, et poursuivre ce que j'ai entrepris. Eh! pourquoi n'aurois-je pas à mon tour le droit d'être lu de M. le maréchal, comme M. de M.... D..... l'a été? Pourquoi refuseroit-il de jeter les yeux sur la défense d'un systême qu'on lui a ou mal développé, ou défiguré? Pourquoi, en un mot, croirois-je que descendant de sa place, il se fera partie dans un procès dont il est fait pour être le juge?

CHAPITRE V.

Nouvelles variations de l'Ordre François. Epreuves faites à Metz. Systême de M. de M.... D...., tel qu'il a été exécuté au Camp de Bayeux. Examen de ce Systême sous tous les rapports de détail.

Le chapitre que j'entreprends ici, deviendroit un volume, si je voulois m'assujétir à y rendre compte de toutes les variations arrivées dans les détails du systême de M. de M.... D..... depuis la nouvelle forme qu'il lui avoit donnée dans ses *Fragmens de Tactique*. Chaque mois, chaque année, ont vu éclorer écrit sur écrit, mémoire sur mémoire. Dans les épreuves de Metz, c'étoit chaque jour de nouvelles variantes. Il en est arrivé de même dans les cantonnemens qui ont précédé le camp de Bayeux, et au camp de Bayeux; la raison en est simple, M. de M.... D..... avoit tout calculé dans le cabinet et sur le papier. Transportées sur le terrein, ses manœuvres ont souffert mille inconvéniens; il a fallu à chaque pas modifier, pallier, refondre. Dans beaucoup de manœuvres, le texte de l'auteur a disparu sous les corrections.

Comme il faut toutefois partir d'une base, je partirai, dans l'examen que je vais faire, du projet de réglement imprimé pour l'instruction des troupes du camp, et d'après lequel ces troupes se sont formées aux manœuvres qui y ont été faites.

Les vices et les inconvéniens remarqués dans l'exécution de ce réglement, ont, comme je l'ai dit ci-dessus, forcé à s'en écarter en beaucoup de points.

Ces changemens ont été de deux espèces; les uns, et c'est le plus grand nombre, ont porté sur des détails d'exécution, qu'on a voulu simplifier ou perfectionner; les autres ont porté sur des points importans, et paroissent être des modifications que M. le Maréchal a voulu apporter au systême de M. de M.... D....; ceux-là sont intéressans à mettre sous les yeux des lecteurs : on y verra M. le Maréchal souvent en contradiction avec les principes de M. de M.... D....., souvent les désavouant, les rejetant, ou tout au moins les modifiant. Et, nous sera-t-il permis de le dire, c'est ce que nous aurions vu davantage encore s'il y avoit eu des épreuves plus multipliées, plus suivies, plus exposées à la liberté de la discussion, des épreuves faites en toutes sortes de terreins, et par toutes sortes de circonstances, des épreuves de guerre enfin, si l'on pouvoit en faire à la paix; car il est impossible que la vérité puisse rester long-temps problématique pour le grand talent, et que les chimères d'une fausse théorie ne s'évanouissent pas devant lui quand il faut pratiquer et agir.

Pour rendre donc un compte fidèle du systême de M. de M.... D....., tel qu'il a été exécuté au camp de Bayeux, je vais diviser l'analyse que j'en donnerai ci-après, en deux parties. L'une, sous le titre de *Texte*, contiendra l'extrait littéral du réglement de manœuvres qui a servi à l'instruction des troupes du camp. L'autre partie contiendra, sous le titre d'*Observations*, mes réflexions ou objections, ainsi que les principaux changemens qui ont été faits dans l'exécution.

Je dois toutefois prévenir que je passerai

rapidement sur les manoeuvres de détail, ainsi que sur les moyens d'exécution, et que je ne m'attacherai qu'aux objections majeures, et qui tiennent au fond du systême. Ce n'est point par les accessoires qu'une grande question comme celle-là doit être jugée. Si le systême est bon en lui-même, M. de M.... D....., ou d'autres, corrigeront aisément les vices ou les imperfections de détail, et alors ma critique porteroit bientôt à faux. Si le systême est mauvais, il périra tout entier; il ne faut donc pas perdre mon temps à abattre les branches, quand je puis attaquer les racines.

Note préliminaire.

J'ai pris le parti de diviser le texte suivant en paragraphes, et de les numéroter, afin que les observations que je serai dans le cas de faire, correspondent aux numéros des paragraphes qu'elles auront pour objet.

Les Notes sans étoiles qui sont comprises dans ce texte, font partie du Réglement des manœuvres de M. de M.... D.... Celles qui sont marquées d'une étoile sont de moi, et ont pour objet de rendre un compte plus abrégé de ce Réglement.

Le Réglement de manœuvres de M. de M.... D...., n'a rapport qu'à l'infanterie; ainsi c'est dans ses autres Ouvrages qu'il faut chercher ses principes relativement à la cavalerie et à l'artillerie; c'est ce que j'ai fait dans la seconde partie de cet Ouvrage, en examinant son systême sous ces deux rapports.

TEXTE.

Système de M. de D.... M....., tel qu'il a été exécuté au Camp du Bayeux.

FORMATION.

I.

Les divisions dans l'armée, les brigades dans la division, les compagnies dans le bataillon, en un mot, toutes les troupes, grandes ou petites, seront placées entr'elles dans l'ordre numérique, par le centre, les impaires à droite.

Appliquant cette règle à l'ordre des bataillons entre eux, il en résulte :

1°. Que dans un régiment seul le premier bataillon sera à la droite.

2°. Que dans une brigade seule, le premier régiment aura la droite, le second la gauche : que les deux bataillons de ce dernier seront placés à l'ordinaire, le premier à droite ; mais, dans le premier régiment, le premier bataillon aura la gauche, pour être plus près du centre de la brigade.

OBSERVATIONS.

FORMATION.

Cette formation n'est pas une chose aisée à entendre, et il faut assurément s'être bien creusé la tête pour l'imaginer ; mais il falloit renverser tout ce qui existoit ; il falloit donner du neuf ; et quand on n'y prend pas garde, de l'inusité on tombe bientôt dans le bizarre, et du combiné dans le compliqué.

On doit voir combien il est contraire aux règles importantes de *simplicité* et d'*unité dans les principes*, d'adopter une formation qui varie sans cesse, d'abord suivant que le bataillon est premier ou second, et de tel ou tel régiment, et ensuite suivant la place que le régiment tient dans la brigade, et la brigade dans la division. Ce n'est rien encore, car M. de M.... D.... pourroit répondre que nous sommes assujétis à une partie de ces combinaisons dans notre formation actuelle ; dans son systême, c'est bien une autre complication. Comme tous ses mouvemens se font et ne peuvent jamais se faire que par le centre, si une brigade est détachée de sa division, il faut changer la formation individuelle de toutes les autres. Et si un régiment, ou un bataillon est détaché, ce dérangement est bien plus grand encore ; une des deux *jumelles* devient boiteuse et inégale. Le bataillon, ou le régiment qui reste seul, se trouve accouplé dans la formation de la colonne à un bataillon d'un autre régiment, ou à un autre régiment, etc. etc.

TEXTE.

3°. Que dans une division, ayant un nombre impair de brigades, la brigade du centre sera arrangée comme si elle étoit seule; mais que dans toutes les brigades de la gauche, le premier régiment aura la droite; et dans chaque régiment le premier bataillon aura encore la droite; que dans les brigades de la droite au contraire, le premier régiment aura la gauche, et que dans chaque régiment, le premier bataillon aura encore la gauche, parce que dans ces brigades de la gauche, le côté de la gauche est le plus près du centre de la division, et que la division est le tout, duquel les régimens et les bataillons sont les parties.

Nota. Les divisions dont on parle ici sont les quatre grandes divisions de l'infanterie d'une armée, qui sont aux brigades ce que les brigades sont aux bataillons, et chacune desquelles, dans la marche de l'armée, forme habituellement sa colonne.

OBSERVATIONS.

M. de M.... D....., en faisant ainsi partir tous ses mouvemens du centre, en faisant du centre le poste d'honneur et le point principal, a voulu être conséquent à son principe, qui est de former toujours les colonnes par le centre des bataillons, et successivement par celui des régimens, des brigades, des divisions; d'agir toujours par le centre, d'attaquer de préférence par le centre, enfin, de ne plus regarder les ailes comme les parties agissantes et principales de l'ordre de bataille. Nous prouverons, dans la grande Tactique, et en traitant des ordres de bataille, que cette révolution ne peut jamais avoir lieu; que c'est une des chimères de son système; que les faits, les circonstances, les grandes règles de la guerre, contrarieront sans cesse ce principe; que les ailes d'une armée sur l'offensive seront toujours nécessairement ses parties agissantes, et les ailes d'une armée sur la défensive ses parties exposées, etc.

Frappé sans doute de ces inconvéniens, M. le Maréchal n'a pas voulu adopter en entier la formation du réglement. Ainsi la formation sur le centre n'a eu lieu que dans chaque brigade individuellement sur elle-même, et non dans la totalité des divisions; modification insuffisante, et qui a amené un autre inconvénient, c'est que les divisions ne peuvent être alors formées que d'un nombre pair de brigades, et que tout nombre impair dérangeroit l'organisation générale, nécessaire pour la formation centrale de M. de M.... D..... En conséquence, quoiqu'on eût plus de troupes qu'il n'en falloit, jamais on n'a formé les divisions que de deux brigades

TEXTE.

Division du Bataillon, position de ses parties.

I.

Un bataillon se divisera en *deux manches*, droite et gauche; *quatre compagnies, huit pelotons* de plus; dans son ordre de colonne il se divisera encore en *quatre sections*.

II.

Dans le bataillon déployé, l'ordre des compagnies de la droite à la gauche sera troisième, première, deuxième et quatrième.

Dans les compagnies de manche droite, les premiers pelotons auront la gauche, et dans celles de manche gauche les premiers pelotons auront la droite.

III.

La manche droite sera donc composée de la première et troisième compagnie, la manche

OBSERVATIONS.

Les troupes excédantes ont été campées hors de ligne, et ne sont jamais entrées, ni en tout ni en partie, dans les manœuvres des divisions. Je reviendrai sur cet objet dans la suite de ces observations.

Division du Bataillon, position de ses parties.

Voilà ce que M. de M.... D..... appelle sa colonne; voilà ce qui est son ordre primitif et habituel. Cette formation n'est, comme on voit, autre chose que la plésion habillée de noms François, aux mots près de *tranches* et de *tiroirs*, qui sont Welches au moins.

La grande perfection de cette colonne, selon M. de M.... D....., réside dans son organisation, dans la simplicité et la facilité de ses divisions et subdivisions, dans l'avantage qu'elle a de pouvoir se resserrer, s'ouvrir, se mouvoir en tout sens. *Admirez*, me disoit un jour un disciple de M. de M.... D..... dans la langue du maître, *admirez le jeu intérieur de cette colonne; elle s'allonge, se raccourcit, se dilate, se resserre, se sépare, se réunit. Une machine à ressorts n'a pas des mouvemens plus réguliers et plus sûrs.*

Mais d'abord est-ce un avantage que cette multiplicité de divisions et de subdivisions à l'infini? Il en résulte que la colonne de M. de M.... D....., y compris les grena-

TEXTE.

gauche, de la seconde et quatrième. Dans le premier bataillon la première compagnie sera celle du colonel; dans la seconde ce sera celle du lieutenant-colonel.

IV.

Les quatre sections du bataillon en colonne seront placées l'une devant l'autre; la première composée des premiers pelotons des deux premières compagnies, l'un à côté de l'autre; la deuxième des seconds pelotons des deux dernières; la quatrième section enfin, des seconds pelotons de ces mêmes dernières compagnies.

V.

Le peloton sera toujours sur six rangs dans le bataillon en colonne, alors on l'appellera peloton *formé;* il se divisera par le centre, perpendiculairement à son front, en deux *tranches* droite et gauche; il se subdivisera aussi parallèlement à son front, en deux *tiroirs,* chacun de trois rangs, et qui se trouveront l'un à côté de l'autre dans l'ordre déployé.

VI.

On voit par-là que la tête du bataillon en colonne sera composée des deux pelotons du

diers et chasseurs, est formée de quarante parties, et qu'elle devient par-là une machine trop composée. Quand on multiplie trop les parties, quand on les réduit par-là à des subdivisions trop foibles, telles sont assurément celles des *tranches* dans la colonne de M. de M.... D....., le tout devient nécessairement trop compliqué. Ajoutez à cela que cette multiplication de subdivisions entraîne une trop grande nomenclature; que le soldat, dont l'intelligence doit toujours être supposée bornée, doit nécessairement s'y perdre. Voyons en effet tout ce qu'il faut qu'un soldat retienne pour retrouver son rang et sa file; d'abord, qu'il est de tel peloton et de telle section, cela est simple, mais indépendamment de cela, de *tel tiroir*, de *telle tranche*, de *telle manche*, etc.

Ajoutez à cela encore que la manœuvre d'une de ces parties n'est jamais la même que celle de l'autre. Que si un homme se trouve dans une autre manche ou dans une autre section que celle à laquelle il est accoutumé, il a des mouvemens tout différens à exécuter.

Est-ce enfin une propriété exclusivement attachée à la colonne de M. de M.... D..... que de pouvoir s'ouvrir, se resserrer, marcher et agir en tout sens? N'appartient-elle pas de même à toute espèce de colonne? N'appartient-elle pas nommément à la colonne d'un bataillon, telle qu'elle est formée dans l'ordonnance actuelle de l'Infanterie? Comparons pour cet effet sous ce rapport et sous celui de l'organisation, cette colonne avec la colonne de M. de M.... D.....

Formée par pelotons, ce qui est sa formation à-peu-

TEXTE.

centre du bataillon déployé, et que les deux manches se trouveront dans la colonne à côté l'une de l'autre, chacune ayant ses quatre pelotons l'un devant l'autre.

OBSERVATIONS.

près habituelle, la colonne de l'ordonnance est composée comme celle de M. de M.... D...., de 24 rangs ; les officiers qui sont au centre des pelotons, la partagent de même perpendiculairement de la tête à la queue, en sorte que les sections de la droite représentent la manche droite, et les sections de la gauche la manche gauche ; les pelotons répondent aux tiroirs ; il n'y a donc de moins que la subdivision des *manches* et des *tranches*, qu'heureusement les Tacticiens modernes n'ont pas imaginée. Faut-il séparer, ouvrir, resserrer, faire marcher la colonne de l'ordonnance en tout sens, elle en est susceptible comme celle de M. de M.... D....., mais par des divisions moins brisées, et par conséquent plus simples et plus militaires.

Observons d'ailleurs que ce jeu intérieur porté aussi loin et aussi minutieusement que le fait M. de M.... D....., est une chose puérile, et qui n'a jamais d'application utile à la guerre. Une colonne n'a besoin de se composer et de se décomposer que par parties d'une proportion raisonnable, telles que par divisions, ce qui doit être son plus grand front, et par pelotons ou par sections, ce qui doit être son plus petit. Les subdivisions inférieures rentrent dans les mouvemens par files. Une colonne n'a de même besoin de s'ouvrir et de se resserrer que des trois manières suivantes, qui répondent à tous les cas possibles ; *à distances entières* pour pouvoir se mettre en bataille ; *à demi-distances* pour se raccourcir, quand on a la certitude de n'avoir à se former que sur le front de la marche ; *à distances serrées*, quand on veut

TEXTE.

Grenadiers et Chasseurs.

I.

La compagnie de grenadiers, dans l'ordre de bataille, sera toujours sur trois rangs, et séparée en deux pelotons; le premier placé au flanc droit du premier bataillon (supposé avoir

manœuvrer en masse, déployer ou charger en colonne. Dans ce dernier cas encore faut-il bien observer de laisser toujours au moins trois pas d'intervalle entre chaque division de la colonne; de manière qu'il y ait à chaque division des officiers pour la conduire et la contenir; l'avantage de l'ordre en colonne pour l'attaque, et sa prétendue force de choc ne consistant pas, comme nous l'avons dit dans l'Essai général de Tactique, et comme nous serons dans le cas de le répéter dans la seconde Partie de cet Ouvrage, en examinant l'ordre en colonne comme ordre d'attaque, et par conséquent comme ordre accidentel; ne consistant pas, dis-je, dans la pression exacte des rangs et des files, mais dans la succession continue d'efforts qui est fournie par plusieurs divisions de troupes rangées les unes derrière les autres.

En voilà assez sur la colonne de M. de M.... D....., considérée relativement à son organisation. Nous l'examinerons aisément relativement aux prétendus avantages qu'elle retire de sa formation et de son développement sur le centre.

Grenadiers et Chasseurs.

On voit pourquoi M. de M.... D..... sépare les grenadiers et chasseurs du bataillon. Il les destine à agir indépendamment de lui. Ce sont eux qui doivent former ce fameux rideau de mousqueterie, derrière lequel il

TEXTE.

la droite), le second au flanc gauche du second bataillon.

II.

La compagnie de chasseurs aussi sur trois rangs, et séparée de même, aura son premier peloton à la gauche du premier bataillon (même supposition), et son second à la droite du second bataillon.

III.

Si le premier bataillon est à la gauche, cet ordre sera interverti, de sorte que les grenadiers seront toujours aux flancs extérieurs du régiment.

IV.

Le bataillon étant en colonne, les grenadiers et chasseurs s'aligneront sur son front, laissant entr'eux et lui des intervalles de quatre pas, souvent plus grands, pour y placer du canon.

V.

Mais s'il s'agit de se mettre en marche, et non pas de combattre ou de manœuvrer, les deux pelotons de grenadiers et chasseurs se

OBSERVATIONS.

prétend dérober ses colonnes, et que nous analyserons en temps et lieu.

Du reste, ces compagnies de grenadiers et chasseurs dans les manœuvres de M. de M.... D....., sont toujours en mouvement; elles voltigent sans cesse de la tête aux flancs, etc. et toujours à la course; car M. de M.... D..... pose en principe qu'elles n'auront pas d'autre pas.

Cet étrange emploi, relativement aux grenadiers surtout, cette perpétuelle agitation, cette nécessité de toujours manœuvrer à la course, absolument contraire à toute possibilité, quand il s'âgira de guerre, et mille autres inconvéniens trop longs et trop peu importans pour être récapitulés ici, ont élevé au Camp une réclamation si générale, que M. le Maréchal a, dès le premier moment, apporté du changement à cette partie de l'instruction.

Les grenadiers ont eu ordre de suivre les mouvemens de bataillon comme s'ils en faisoient partie : et dans les épreuves faites par le régiment de la Couronne à la fin du Camp, il a été question de les placer au centre du bataillon pour leur donner toujours la tête de la colonne. Nous ne prendrons pas la peine de discuter ici ce changement qui, ne faisant rien au fond des manœuvres, ni de l'organisation de la colonne, ne les rend pas meilleures. Il n'y a donc plus eu que les chasseurs destinés à manœuvrer et à courir en avant et sur les flancs des colonnes, ce qui a diminué l'inconvénient de moitié, mais aussi fort éclairci le fameux rideau. Aussi M. de

TEXTE.

placeront sur le front de leur bataillon, l'un à côté de l'autre, et chacun d'eux sur six rangs, serrés trois à trois, ou par tiroirs.

Places des Officiers.

I.

Le premier capitaine, le premier lieutenant et le premier sous-lieutenant de chaque compagnie de fusiliers, seront attachés et placés au premier peloton, les trois autres officiers au second; les sergens seront placés entre les deux. Les officiers ainsi partagés seront placés aux flancs extérieurs de la colonne, de manière qu'il y en ait un en dehors de chaque file *.

* Tel est l'ordre habituel des officiers, puisque l'ordre habituel du bataillon est d'être en colonne. M. de M.... D..... entre dans des plus grands détails pour indiquer les variations que ces places doivent éprouver, relativement aux différentes circonstances où le bataillon peut se trouver, comme pour le cas de feu, etc. etc.

Ces places se trouvent encore varier dans le détail des ma-

OBSERVATIONS.

M.... D..... a-t-il gémi de ce changement, ainsi que de toutes les modifications qu'on a apportées à son système ; et n'a-t-il cessé de dire qu'on le défiguroit, et que ne pas l'adopter en entier, c'étoit lui nuire. Nous sommes loin de penser comme lui ; car nous regardons tous ces changemens et tous ceux qu'on pourra y faire dans le même genre, comme des variantes très-indifférentes en elles-mêmes, et qui, fussent-elles les meilleures possibles, ne nous laisseroient pas moins notre opinion toute entière sur le fond du système.

Places des Officiers.

Une fois la base établie, il en est des idées bizarres comme des idées simples ; elles se succèdent et s'enchaînent. Ainsi ayant appelé les faces de sa colonne *des murailles*, M. de M.... D....., pour compléter l'analogie, a prétendu que les officiers et bas-officiers qu'il place tous aux files extérieures, seroient les *paremens du mur*.

Les figures n'étant pas des vérités, celle-là n'a pas convaincu. On a trouvé d'une commune voix que les officiers étoient placés d'une manière peu intelligente et peu militaire ; qu'ils ne remplissoient pas l'objet de marquer et de séparer les divisions de sa colonne ; qu'ils n'étoient point à portée de contenir et de diriger leurs troupes, que le soldat restoit abandonné à lui-même, etc. etc. Ces objections ont frappé jusqu'aux partisans du système ; car dans les essais qui ont été faits dans les

TEXTE.

nœuvres; mais je ne fais mention ici que de la disposition habituelle des officiers, qui sont, comme on le voit, tous en dehors de la colonne.

Je passe de même sur la place des officiers supérieurs.

Places des Drapeaux.

I.

Le drapeau de chaque bataillon sera à la gauche et au second rang de la première compagnie.

II.

Il y aura toujours sur le front du bataillon en colonne, deux fanions portés par des caporaux; ils se placeront en avant des deux files extérieures, et serviront à fixer les alignemens dans la marche et la manœuvre.

Assemblée des Compagnies et du Bataillon.

I.

Pour pouvoir apporter la précision nécessaire dans le détail des manœuvres, on suppose les compagnies à 96 hommes sous les armes, et par conséquent les pelotons à 48, sans compter les officiers, sergens, tambours, formant 16 files sur trois rangs.

OBSERVATIONS.

derniers jours du Camp, au régiment de la Couronne, pour tenter de corriger le Réglement, les places des officiers ont été changées, pour revenir aux principes de l'Ordonnance.

Assemblée des Compagnies et du Bataillon.

M. de M.... D..... suppose ici sa colonne formée habituellement de 16 files de front sur 24 de hauteur. Cette proportion est relative aux principes de Folard, qui définit la colonne un quarré long ayant un tiers de hauteur de plus que son front.

Attaché à cette proportion, il veut que, quand toutes les compagnies des bataillons auront été égalisées et fixées au nombre de 32 files ou 96 hommes, les files excédantes forment un peloton surnuméraire placé derrière le bataillon. Ainsi composée, sa colonne est de 384 hommes, non compris les grenadiers et chasseurs, qui ne font point partie de la colonne, et qui n'en sont que des pièces indépendantes et accessoires.

Voilà qui est fort bon à la paix et avec la force actuelle de nos compagnies, qui cadre maintenant à-peu-près à cette supposition.

Mais que la guerre arrive, et je demande à M. de M.... D..... comment il formera sa colonne?

On ne fera sûrement pas la guerre avec des bataillons de 400 hommes. Dans toutes les troupes étrangères le pied des bataillons est au moins de 800 hommes, et

TEXTE.

II.

En assemblant le bataillon, on comptera à cet effet les files dans chaque compagnie, pour les porter à la proportion ci-dessus fixée; celles qui auront de l'excédant fourniront à celles qui en manqueront; et si sur la totalité du bataillon il reste des surnuméraires, on en formera un peloton derrière le bataillon, commandé, selon sa force, par un officier ou un sergent.

III.

Les compagnies seront formées par rang de taille.

OBSERVATIONS.

dans quelques-unes de 1000. Celle de notre constitution éventuelle en temps de guerre, porte les 4 compagnies de fusiliers qui composent le bataillon, à 724 hommes. Laissera-t-il alors, pour conserver à sa colonne sa proportion favorite, 340 surnuméraires derrière le bataillon? Je demande ce que c'est qu'un ordre qui laisseroit ainsi une partie du bataillon hors d'œuvre, et hors de mesure de pouvoir combattre? Les fera-t-il entrer dans la colonne? Alors elle se trouvera presque de 24 files de front sur 24 de profondeur, et par conséquent un quarré parfait, forme essentiellement contraire au principe fondamental de la colonne, et qui la rendroit en effet trop lourde et trop peu maniable.

Mais, répondra M. de M.... D....., si mon système est admis, on y pliera la constitution, et alors on aura des bataillons de 500 hommes seulement. Fort bien; mais je l'attends alors à l'inconvénient opposé.

Ces bataillons de 500 hommes se trouveront, à la moitié, à la fin de la campagne, après une action, tellement réduits, qu'ils ne pourront pas fournir le nombre de files complettes qu'exige la colonne de M. de M.... D..... Il en a pu juger au Camp de Bayeux. Nos bataillons sont aujourd'hui à 540 hommes; on n'y faisoit point de service de guerre; et dès la moitié du Camp une partie des bataillons de la ligne n'avoient plus leurs files complettes.

Que fera M. de M.... D.....? Diminuera-t-il le front de sa colonne? Alors elle perdra sa proportion de principes; dans l'inconvénient opposé elle étoit une masse;

TEXTE.

OBSERVATIONS.

ici elle deviendra une aiguille. Diminuera-t-il la hauteur des pelotons, ainsi qu'on l'a fait au Camp de Bayeux ? Alors, que seront les tiroirs quand il faudra déployer ! et que sera la ligne de mousqueterie qui en résultera, opposée à la ligne de l'ennemi !

Voilà l'abîme où jette l'esprit de système, quand l'expérience, quand le jugement, quand une habitude réfléchie de toutes les circonstances que la guerre peut offrir, ne l'arrêtent et ne l'éclairent pas.

En réfléchissant, et sur-tout en se transportant à la guerre, qui est la pierre de touche de tous les systêmes militaires, M. de M.... D..... eût pressenti une foule d'objections qui restent à lui faire. Je n'en citerai ici que quelques-unes.

J'admets son bataillon compté, et sa colonne complette : on part du camp, et l'on demande en marche un détachement de 50, 60, 80, 100 hommes, il faudra donc recompter les files, etc. Cette opération faite, un autre détachement rentrera, il faudra donc recompter encore ? Et si c'est une marche de guerre, ou si cette marche se fait la nuit dans des pays ou dans des chemins difficiles, toutes ces combinaisons de files deviendront-elles bien aisées ?

Et si au lieu de détachemens mêlés on détache une ou deux compagnies du bataillon pour occuper un poste, une tête de défilé ! etc. et si, pour ce même objet, on détache un bataillon du régiment ou un régiment de la brigade, une brigade de la division ! voilà toute la colonne bouleversée, les manches désunies, les jumelles

TEXTE.

OBSERVATIONS.

boiteuses, enfin tout l'ingénieux mécanisme, au moins très-embrouillé.

Et si dans une action une colonne se trouve battue en flanc par un feu violent, et que la perte porte plutôt sur une manche que sur l'autre; que deviendra cette organisation de colonne, toute fondée sur des files comptées, égalisées, et ensuite divisées et subdivisées en fractions égales?

Et si, après avoir soutenu une action de mousqueterie qui aura mis beaucoup de monde hors de combat, et qui aura porté plutôt sur une partie du bataillon que sur l'autre, il faut se former en colonne pour marcher; comment des pelotons morcelés et inégaux formeront-ils cette colonne?

M. de M.... D..... prétendra-t-il que ces inconvéniens existent également pour le bataillon? Non assurément, ils n'existent pas. On compte, on égalise les files du bataillon quand on est sur un terrein d'exercice, soit; mais cela n'est point d'absolue nécessité. Peu importe au bataillon qu'un de ses pelotons ait deux ou trois files de plus ou de moins; peu importe par conséquent qu'en marche, on en tire, ou on y fasse rentrer des détachemens. La colonne de l'ordonnance ne se fait point par des mouvemens combinés et compliqués; elle n'est point d'un nombre de files déterminé; elle n'est point composée de fractions divisées et subdivisées à l'infini. Si on détache du bataillon, soit en bataille, soit en colonne, une compagnie, cela ne le désorganise pas, cela ne fait que le raccourcir; il reste tout entier dans ce qui lui

TEXTE.

Manœuvres de détail.

I.

Elles consisteront : 1°. A déployer et à reformer le peloton, c'est-à-dire, à le faire passer de l'ordre sur six, qui est son ordre habituel, à ce que l'on appellera le peloton formé à l'ordre sur trois, qui est l'ordre déployé.

2°. A faire doubler et dédoubler le peloton, c'est-à-dire, à le mettre *par tranches*, et à le reformer en pelotons *.

* Je n'entrerai pas ici dans le détail de ces manœuvres ; j'en extrairai seulement deux articles essentiels que M. de M... D.... établit en principes. L'un, c'est que jamais un peloton n'aura à se former ni à déployer en marchant ; l'autre, est que tout doublement en profondeur pour une troupe de droite (*et vice versâ* pour une troupe de gauche) se fera en avançant la partie gauche d'une quantité de terrein égale à celui

OBSERVATIONS.

reste, et il combat pour ce qu'il conserve de front. S'il perd du monde dans une action, il ne fait de même que se resserrer et occuper un plus petit front; mais ses rangs et ses files se conservent toujours dans leur ordre primitif, etc. etc. J'en appelle, de ces différences essentielles, à tout militaire instruit, à tout militaire sur-tout qui, ayant vu la colonne de M. de M.... D....., a dû réfléchir sur la complication de son organisation. Qu'il compare et qu'il juge.

Manœuvres de détail.

Je ne m'arrêterai point sur les manœuvres contenues dans cet article, leur objet n'étant qu'élémentaire et indifférent au fond du système.

Je demanderai seulement à M. de M.... D..... pourquoi l'ordre habituel de ses pelotons est sur six rangs, lorsque dans aucun cas il ne fait combattre l'infanterie dans cet ordre? C'est allonger inutilement ses manœuvres d'un mouvement préliminaire, celui de se mettre sur six rangs; cela lui a procuré à la vérité la nouveauté des tiroirs, qui d'ailleurs n'ont jamais d'utilité ni d'objet.

* Les deux principes rapportés dans cette note, sont importans par les inconvéniens qui en résultent dans les marches, c'est ce que nous verrons ci-après.

TEXTE.

qu'elle occupe en profondeur, et en faisant doubler derrière elle la partie de droite, qui, pour cela, marchera par sa gauche, et que tout doublement de front se fera par les dernières troupes qui se porteront par la droite des premières, qui ne bougeront pas.

II.

Les grenadiers et chasseurs passeront de l'ordre sur trois rangs, à l'ordre sur deux rangs. On verra ailleurs à quoi cette manœuvre est relative.

III.

Les officiers, bas-officiers et soldats n'auront jamais la bayonnette au bout du fusil, si ce n'est au moment de charge de l'infanterie, ou de recevoir une charge de cavalerie. On ôtera la bayonnette dès qu'il ne sera pas question de ces usages, mais seulement de marches ou manœuvres en colonne, ou de se déployer pour la mousqueterie.

Marche en colonne; définitions, distances.

I.

La colonne d'un bataillon qui seule sera employée en ordre de bataille, et, lorsque le terrein le permettra, aussi en ordre de marche, sera appelée simplement *colonne*, ou quelque-

OBSERVATIONS.

Marche en colonne; définitions, distances.

Tout ce chapitre veut être lu avec attention; il contient une des plus importantes parties du réglement, puisqu'il s'y agit de l'usage et du mécanisme de la colonne de M. de M.... D..... relativement aux marches.

TEXTE.

fois, pour plus grande clarté et précision, *simple colonne.*

II.

Lorsque ce terrein ne permettra pas de marcher sur ce front, qui sera par sections, on fera mettre la colonne par pelotons. Lorsque le terrein ne permettra pas même le front de la colonne par pelotons, on la fera former par tranches.

Le terrein s'élargissant, on pourra revenir successivement à la colonne par pelotons, et ensuite en simple colonne.

III.

Plusieurs bataillons marchant à la queue l'un de l'autre, *en simple colonne*, si le terrein s'ouvre de manière à permettre pour long-temps un plus grand front, on les mettra *en double colonne*, c'est-à-dire, en deux simples colonnes, l'une à côté de l'autre. Ces deux colonnes, qu'on nommera *jumelles*, auront toujours entr'elles une *rue* de largeur quelconque. La jumelle droite sera composée de toutes les troupes qui, en ligne, doivent avoir la

OBSERVATIONS.

Je ne m'arrêterai point à faire remarquer la complication de noms, de principes et de moyens qui y règnent; il n'y a point de militaire qui ne sente ce défaut à la simple lecture, et il est bien plus sensible encore quand on voit cette étrange formation sur le terrein.

Bornons-nous ici à montrer ses inconvéniens dans une colonne d'un seul bataillon; l'analyse de ce réglement nous mettra dans le cas de développer ci-après des inconvéniens bien plus grands encore, quand il s'agira d'une colonne de plus d'un bataillon, et enfin d'une colonne de division d'armée.

Si l'on examine la formation de la colonne de M. de M.... D....., c'est-à-dire, de ce qu'il appelle sa simple colonne (*voyez* paragraphe I.), relativement à un seul bataillon, sa formation se faisant par le centre du bataillon déployé; rien de plus simple en effet que cette formation, mais rien de moins nouveau; car, comme je l'ai dit ailleurs, M. de M.... D..... a pris cette colonne dans l'Ordonnance de l'exercice de l'infanterie de 1753, et elle existe dans notre Ordonnance actuelle. Employée ainsi qu'elle l'est dans cette dernière Ordonnance surtout, elle est appliquée à son véritable objet, elle est colonne de manœuvre, elle se fait de pied ferme, et quand on a la certitude de se déployer à la même place où on l'a formée. On pourroit encore, et l'Ordonnance qui ne l'exclut pas, auroit peut-être mieux fait de l'indiquer, l'employer comme colonne d'attaque; et enfin toutes les fois qu'ayant devant soi un terrein libre, on prévoit devoir se déployer par le centre. Mais faire de

TEXTE.

droite, et la jumelle gauche de celles qui doivent avoir la gauche.

IV.

La simple colonne sera dite *serrée*, lorsqu'elle aura les rangs de chaque section serrés et emboîtés. Le bataillon, dans le combat et dans la manoeuvre, sera habituellement dans cet état.

V.

Dans ce cas pourtant, on pourra, pour marcher plus commodément, faire ouvrir les distances à deux pas, entre les tiroirs de chaque peloton, mais on les feroit toujours serrer ensuite, avant de faire aucun autre commandement.

VI.

Lorsqu'on voudra donner dans la marche encore plus d'aisance, on fera mettre la colonne au pas de route.

VII.

La colonne simple ou double sera dite *rapprochée*, lorsque les sections seront serrées l'une

OBSERVATIONS.

cette formation centrale un principe universel et exclusif, l'appliquer aux ordres de marche, et de-là adopter aussi le développement central comme moyen unique, c'est tout perdre et tout confondre en croyant tout simplifier, et en voulant tout généraliser.

1°. La colonne formée par le centre n'est avantageuse qu'autant que le débouché par lequel on se met en marche, et celui par lequel on arrive sur le terrein qu'on va occuper, se trouve précisément au centre de la ligne formée et de la ligne à former.

2°. Elle exige, sans quoi il en résulte de grands inconvéniens, que la marche soit ouverte de manière à n'être jamais dans le cas de diminuer l'étendue du front par lequel on marche.

3°. Elle devient très-embarrassante si l'on est dans le cas de se mettre en bataille sur le flanc de la nouvelle.

Prouvons ces divers inconvéniens par l'exemple d'une colonne d'un seul bataillon se formant, se mettant en marche et marchant suivant les principes de M. de M.... D.....

Distinguons d'abord une marche d'une manœuvre. Une manœuvre se fait ordinairement dans un terrein circonscrit et relativement à un objet donné; on y prévoit le point où l'on arrivera et la manœuvre qui lui succédera. Ainsi, quand un bataillon veut se porter en colonne dans un pays libre et ouvert pour occuper une position parallèle à son ancien front, dans un pays également libre et ouvert, il peut sans inconvénient et même avec avantage se former en colonne sur le centre, puisqu'il

TEXTE.

contre l'autre, de manière à n'avoir qu'un pas de distance.

VIII.

La colonne par pelotons et par tranches ne devant avoir lieu que pour la marche, il n'y a guère d'occasions de les rapprocher.

IX.

La colonne par pelotons, tenant en hauteur le double de la simple colonne, le doublement, pour passer de l'une à l'autre, se fera successivement, et retardera la queue ; c'est pourquoi, jusqu'à ce qu'il soit achévé, la tête marchera au pas de manœuvre.

X.

On pourra pourtant faire ce doublement en même temps dans toute la longueur de la colonne, ayant pris d'abord les distances nécessaires.

XI.

On pourra aussi rapprocher la colonne par pelotons, avant de revenir à la simple colonne, afin qu'il reste peu de chose à faire

OBSERVATIONS

est le maître de se diriger vers le centre de sa nouvelle position, et de s'y développer par le centre. Une marche au contraire a ordinairement lieu dans un grand espace, et elle conduit à des points qu'on n'a pas reconnus. On ne prévoit pas où l'on sera obligé de se former, soit chemin faisant, soit en arrivant au terme de la marche. Se former en colonne de marche par le centre, est donc une méthode mal-à-propos exclusive, puisqu'il est possible que le débouché ne soit pas vis-à-vis le centre de l'ancien front, et que l'ouverture de la marche ne réponde pas au centre du nouveau. Pour le cas unique où le débouché part du centre et conduit au centre, il s'en présente deux où le débouché peut partir des ailes et conduire aux ailes, sans compter encore ceux où les débouchés peuvent se trouver entre les ailes et le centre; mais quand même le débouché se trouveroit vis-à-vis le centre de l'ancien front, ce ne seroit pas encore une raison pour se mettre en colonne de marche par le centre; car on n'est pas sûr pour cela de pouvoir arriver par le centre de sa nouvelle position; et il reste toujours deux contre un à parier qu'on arrivera par les ailes. Enfin, si l'on est forcé à se développer inopinément chemin faisant, il est avantageux de se trouver formé de manière à se mettre en bataille sans préparation, sans tâtonnement, et au point où l'on se trouve; c'est ce qu'on ne fera pas avec la colonne de M. de M.... D....., ainsi que nous le prouverons ci-après.

Reprenons la supposition d'une colonne d'un bataillon

TEXTE.

lorsque celle-ci sera formée pour regagner les distances.

XII.

On pourra même faire tenir la colonne par pelotons dans la longueur déterminée pour la simple colonne, lorsque le défilé ne durant qu'un moment, il n'y aura qu'un très-petit espace à parcourir avec si peu d'aisance.

XIII.

Tout ce que l'on vient de voir sur les longueurs et distances, est plutôt éclaircissement que précepte, et toujours subordonné au principe général de ne jamais allonger les colonnes plus qu'il n'est nécessaire pour l'aisance de la marche, et de ne jamais craindre de les raccourcir.

XIV.

Il faut en toutes manoeuvres regarder la simple colonne comme composée de deux manches ou colonnes réunies; lorsque l'une a la gauche en tête, l'autre y a la droite.

OBSERVATIONS.

se formant, se mettant en marche, et marchant dans le systême de M. de M.... D.....; et pour rendre cette supposition plus frappante, opposons ici une colonne d'un bataillon, se formant, se mettant en marche, et marchant suivant les moyens de l'ordonnance.

D'abord la formation de la colonne est pour le bataillon de M. de M.... D..... une véritable manœuvre; elle exige des calculs et des égalisations des files, ensuite une formation de pelotons pour se mettre sur six, puis une manœuvre combinée de deux ailes vers le centre, une manœuvre enfin commandée à la voix, assujétie à une certaine précision, et qui exige un terrein libre en avant du front. Or, combien de circonstances, et de circonstances fréquentes à la guerre, peuvent rendre ces préliminaires de marche incommodes et difficiles! Supposons une marche de nuit, un front embarrassé d'obstacles, tel qu'il se trouve souvent dans des camps ou dans des positions de passage. Supposons la colonne de plusieurs bataillons, de plusieurs brigades, et alors c'est bien un autre embarras; mais je ne veux pas anticiper, et je m'en tiens à parler ici d'un seul bataillon.

Voyons maintenant le bataillon de l'ordonnance. Sa formation de colonne n'est point une manœuvre, elle n'exige aucune préparation. Le jour, la nuit, dans toutes sortes de terreins, au milieu de toute espèce d'embarras, il peut se mettre en marche; il ne fait que rompre vers une de ses ailes : il n'a pas même

TEXTE.

OBSERVATIONS.

besoin pour cela de commandement, le peloton, la section, la division de l'aile, se mettent en mouvement, et tout le reste du bataillon suit. La ligne seroit composée de plusieurs bataillons, de plusieurs brigades, cela n'entraîne ni longueur ni embarras, tout rompt du même mouvement, tout marche, et la colonne est en route en même temps que formée.

Voilà les colonnes formées de part et d'autre; mais si celle de M. de M.... D..... n'a pas son débouché exactement devant son centre, elle est encore obligée de manœuvrer pour aller le chercher. Supposons ce débouché à ses ailes ou entre ses ailes et son centre; supposons-le derrière ses ailes, encore pis. Pour le bataillon de l'ordonnance tout est égal; que le débouché soit en avant de lui, sur son flanc, derrière lui, une fois rompu et formé en colonne, il se plie, il se tourne, il se retourne comme il veut : il n'a point à manœuvrer; ses mouvemens, dans toutes sortes de directions, ne sont plus qu'une simple marche dans laquelle les soldats peuvent d'abord porter leurs armes à volonté, et marcher de leur pas libre et naturel.

Je veux enfin la colonne de M. de M.... D..... entrée dans le débouché de sa marche; ce débouché, comme il n'arrive que trop souvent à la guerre, ne se trouve plus du même front qu'en partant. Il faut diminuer ce front. Voyons comment M. de M.... D..... y procède.

Je suppose la colonne mise en marche suivant ses principes en *simple colonne*, c'est-à-dire, par sec-

TEXTE.

OBSERVATIONS.

tions. On commande *colonne par pelotons.* Alors la seconde compagnie fait halte pour attendre sa place dans la colonne, et ainsi de suite pour tout le bataillon. Par ce doublement (*voyez* paragraphe IX), on retarde donc nécessairement la marche de la colonne. Le terrein se resserre davantage, on commande *colonne par tranches :* même mouvement alors de peloton jusqu'à la queue de la colonne, et par conséquent même retard.

Supposons maintenant la colonne de M. de M.... D..... ainsi formée par pelotons, et à plus forte raison par tranches, obligée de se mettre en bataille sur son flanc par l'apparition imprévue de l'ennemi. Tout est confondu, tout est mêlé, aucun officier, aucun bas-officier ne se trouve placé pour commander et pour contenir. Qu'il y ait dans ce moment quelques coups de fusil, quelques difficultés locales, la tirera qui pourra de cette inextricable confusion!

Mais supposons que l'ennemi se présente seulement et tout simplement sur son front, qu'elle ait une position à occuper, un point important où il faille ou s'appuyer, ou le prévenir; elle n'a pas une troupe entière à opposer ; elle est obligée d'attendre qu'on l'ait ramenée par des dédoublemens successifs de la colonne par tranches à la colonne par pelotons, et de la colonne par pelotons à l'état de simple colonne, qui est le seul dans lequel elle puisse manœuvrer. Avant qu'elle y soit, le temps sera perdu, la position manquée, et l'ennemi sur elle.

TEXTE.

OBSERVATIONS.

Cette nécessité de revenir toujours à l'état de simple colonne pour pouvoir manœuvrer, se retrouve dans beaucoup de manœuvres de M. de M.... D....., et est un des plus funestes résultats de la complication de son ordre primitif. Cela seul, à mon gré, rend son systême, relativement aux détails intérieurs, absolument défectueux, et inadmissible pour la guerre.

Plaçons maintenant dans les mêmes suppositions la colonne de l'ordonnance; et nous la verrons faire face à toutes, sans difficultés, sans retard, sans embarras. Elle est formée par divisions, ce qui répond à la simple colonne de M. de M.... D..... Le terrein se resserre, elle se met par pelotons. Cela n'est point pour elle une manœuvre; c'est un mouvement qu'elle fait sans s'arrêter, sans ralentir sa marche, sans commandemens généraux: la tête de la colonne lui indique ce mouvement, et elle le suit. Le terrein se resserre-t-il encore, elle se met par sections. Se resserre-t-il davantage, elle marche par six files, par trois. Elle s'allonge ainsi toujours sans s'arrêter, sans se rompre, sans que ses fractions se confondent et se désunissent. A la tête de chacune de ses fractions, jusqu'à ce qu'elles se réduisent à des files, il se trouve toujours un officier pour la commander, des officiers sur les flancs pour observer la distance et le point de vue, ainsi que des serre-files pour maintenir l'ordre. Est-elle attaquée sur son flanc? Elle peut se mettre en bataille, elle a ses distances pour y faire face. L'est-elle sur son front? Elle peut tout de suite opposer une troupe,

TEXTE.

Ordre des Troupes dans les colonnes.

I.

Soit que les compagnies marchent deux à deux en simple colonne, ou l'une après l'autre en colonnes de plus petit front, elles se suivront toujours dans leur ordre numérique; les mêmes qui ont le centre dans l'ordre déployé, tenant la tête de la colonne, excepté les grenadiers et chasseurs, qui marcheront en avant des autres.

OBSERVATIONS.

occuper un point, appuyer son aile, ce qui est à la guerre un objet important. La première troupe de la colonne n'a pas besoin d'attendre les troupes qui la suivent, elle se forme, et les autres arrivent à son appui.

L'inévitable enchaînement des objections, la difficulté de morceler ce qui est fait pour être lié, m'ont fait anticiper ici sur des observations relatives à d'autres articles. Le réglement de M. de M.... D..... est si mal libellé, il y a si peu d'ordre dans les matières, que pour en faire l'analyse, je suis, malgré moi, forcé de renoncer à le suivre pied à pied. Mais qu'importe ma marche, pourvu que mon objet soit rempli!

Ordre des Troupes dans les colonnes.

Cet article explique l'ordre et le rang que les compagnies, les bataillons, les régimens, et enfin les brigades tiendront dans les colonnes de marche. Les conséquences de la méthode générale adoptée à cet égard par M. de M.... D....., sont curieuses quand il s'agit de former une colonne de marche de plusieurs bataillons. Pour en donner une juste idée à nos lecteurs, citons un exemple.

Soit un corps de douze bataillons ou de trois brigades, campé ou formé en ligne; ce corps sera, suivant les principes de M. de M.... D....., rangé dans l'or-

TEXTE.

II.

Jamais le bataillon déployé ne se rompra par ses dernières compagnies qui sont aux flancs, ou du moins cela n'arrivera que dans le cas d'une marche de flanc, décidée telle par l'objet de se porter sur la droite ou la gauche, jusqu'à tel point, pour, y étant arrivé, faire front du même côté où on le faisoit avant de marcher.

III.

De même, lorsqu'une division de plusieurs brigades formera une colonne, elles s'y suivront dans leur ordre numérique, selon lequel elles étoient placées en ligne par le centre de la division.

OBSERVATIONS.

dre suivant. La brigade la plus ancienne au centre, le premier régiment ayant la droite, et le second la gauche, le premier bataillon du premier régiment ayant la gauche, et le premier bataillon du second régiment la droite, de manière que ces deux premiers bataillons aient le centre de la brigade; la seconde brigade à la droite, le premier régiment de cette brigade ayant la gauche, et le second régiment la droite, et dans chaque régiment le premier bataillon ayant encore la gauche; la troisième brigade à la gauche, le premier régiment ayant la droite, et dans chaque régiment le premier bataillon ayant encore la droite. D'où il résulte que ces brigades étant, je suppose, composées des trois régimens chefs de brigade, Picardie, Champagne et Navarre, lesquels auroient pour régimens embrigadés, Aquitaine, Anjou et Nivernois, leur ordre de bataille seroit conforme aux figures 1, 2 et 3, planche I. Arrangement, comme on voit, assez compliqué; arrangement qu'il faudroit changer s'il y avoit une brigade de plus ou une brigade de moins, etc. Voyez ce que j'ai dit à cet égard dans mes observations sur le paragraphe I, au commencement du texte.

Supposons maintenant ce corps obligé de se mettre en marche sur une seule colonne, il se formera, suivant le principe de M. de M.... D....., en double colonne. Nous verrons ailleurs les inconvéniens de cette formation. Il ne s'agit ici que de l'ordre et du rang des troupes dans la colonne.

TEXTE.

OBSERVATIONS.

La double colonne formée par le centre de la division, se trouvera donc composée ainsi qu'elle est présentée dans la figure 1, planche II. Les premiers bataillons de chaque brigade se trouvant accouplés en jumelles, et suivis de leurs seconds bataillons dans le même ordre.

Soit à présent la double colonne obligée par la nature du chemin de se mettre en simple colonne, les brigades seront obligées de s'intercaler; la brigade du centre, qui est celle de Picardie, passant la première, ensuite la brigade de la droite, qui est celle de Champagne, puis la brigade de gauche, qui est celle de Navarre. Mais ce n'est pas tout. Dans la brigade de Picardie, qui est celle du centre, le premier bataillon de Picardie passera le premier, ensuite le second de Picardie, puis le premier d'Aquitaine, et ensuite le second d'Aquitaine; d'où il résulte que dans cette simple colonne, le premier bataillon d'Aquitaine se trouve séparé du premier de Picardie, à côté duquel il se trouve dans l'ordre de bataille, par le second de Picardie, et que la brigade de la gauche de la division, est séparée de la brigade du centre, à côté de laquelle elle doit être dans l'ordre de bataille, par la brigade de droite qui suit immédiatement celle du centre. Voy. Fig. 2, planche II. (1)

(1) Ce mélange étoit bien plus extraordinaire dans les Fragmens de Tactique; car suivant les principes qui y sont établis, la simple colonne se composoit de cette manière : le premier

TEXTE.

OBSERVATIONS.

Si on examine ensuite avec attention l'organisation intérieure de cette colonne, en suivant dans le réglement les détails intérieurs de ses mouvemens de marche, on verra qu'indépendamment du mélange alternatif des brigades de droite et des brigades de gauche, il se fait pareillement un mélange de compagnies de droite et de compagnies de gauche dans chaque bataillon, à l'instant où le débouché se réduit au front de colonne par pelotons; et que ce mélange subsiste toujours lorsque le débouché se réduit au front de colonne par tranches. On verra que le mélange intérieur de chaque bataillon ne cesse qu'au moment où, en sortant du débouché, la colonne peut passer successivement de l'état de colonne par tranches à celui de colonne par pelotons, et de colonne par pelotons à celui de simple colonne; et que ce mélange des brigades de droite et de gauche ne disparoît qu'au moment où la colonne jumelle peut se reformer. On verra sur-tout, et l'on observera comme un vice majeur de toute cette machine, que tous ces mouvemens pour s'intercaler les uns dans les autres, et pour

bataillon de Picardie, ensuite le premier d'Aquitaine, puis le second de Picardie, et ensuite le second d'Aquitaine, etc. D'où il résultoit que dans cette simple colonne les régimens étoient entremêlés bataillon par bataillon; étrange bigarrure, dont on a eu beaucoup de peine à faire revenir M. de M.... D....; ce qu'il y a substitué est un peu moins compliqué, mais l'est encore d'une manière inouie, et il n'y peut rien changer, parce que cette complication est le funeste résultat de sa formation centrale.

TEXTE.

Manœuvres particulières d'un Bataillon.

I.

Lorsque le bataillon devra manœuvrer, il sera toujours en bataille dans son ordre de colonne, et jamais déployé.

II.

Tous les mouvemens du bataillon se feront au pas de manœuvre, et ceux des grenadiers et chasseurs à la course.

OBSERVATIONS.

revenir ensuite à l'état de double colonne, ne peuvent s'exécuter qu'en arrêtant continuellement toute la partie de la colonne qui se trouve derrière la fraction qui doit changer de forme. Or, pour peu qu'on ait vu marcher des colonnes à la guerre, on sait la fatigue qu'occasionnent aux troupes de la queue tous les temps d'arrêt que marque la tête, sans compter la lenteur et la perte de temps qui en résultent.

Je me dispenserai de donner une planche pour l'intelligence de ces dernières observations. La complication de ces mouvemens, même sur le papier, m'effraie et m'arrête. L'exposé que je viens de faire suffira pour la sentir.

Je me dispenserai de même d'ajouter aucune réflexion. Pour juger, il suffit ici de lire.

Manœuvres particulières d'un Bataillon.

I.

Cette exclusion est, comme on voit, très-positive.

II.

Je releverai ailleurs cet étrange principe de M. de M.... D..... A la guerre, et dans des mouvemens d'armée sur-tout, on ne marche point au pas de manœuvre, on court encore moins; on marche d'un pas libre et naturel qui puisse se soutenir long-temps et sans fatigue.

TEXTE.

PREMIÈRE MANOEUVRE.

Marches de flancs et tranches.

Le bataillon pourra marcher par son flanc de plusieurs manières.

1°. Le bataillon en entier par un à droite, toutes les parties du bataillon marchant dans l'état où elles se trouvent, sans ouvrir.

2°. Par manches, les deux manches observant alors six pas de distance entr'elles.

3°. Par tranches, les tranches observant alors trois pas de distance entr'elles.

Pour se mettre sur son premier front, le bataillon n'aura qu'à s'arrêter et serrer ses distances.

IIe MANOEUVRE.

Changer de direction.

I.

Le bataillon pourra changer de direction de deux manières, de pied ferme ou en marchant.

II.

Pour changer de direction en marchant, supposons à droite, on fera tourner à droite la première section, et les autres successivement.

OBSERVATIONS.

Première, deuxième, troisième et quatrième Manœuvres.

Je ne m'arrêterai point sur toutes ces manœuvres particulières. J'aurois beaucoup de défauts de détail à y relever. Mais, encore une fois, les détails me sont indifférens, toutes les fois qu'ils ne tiennent pas au fond du système.

TEXTE.

III.

Si l'on veut faire ce mouvement de pied ferme, toutes les sections feront en même temps à droite, le bataillon aura bien alors fait son changement de direction, mais les sections seront en échelons, et n'auront plus leurs distances. Il faudra donc encore faire faire à gauche aux dernières sections pour les porter derrière la première, et ensuite les faire serrer pour leur faire reprendre leur distance.

IIIe MANŒUVRE.

A droite, changer de front.

I.

Si le bataillon est en mouvement, ce sera un simple changement de direction, les quatre sections faisant successivement leur mouvement de conversion.

II.

Une colonne quelconque changera de même le front de sa marche, toutes les divisons tournant successivement au même point, les pivots ne s'arrêtant pas, mais décrivant un arc moins

OBSERVATIONS.

TEXTE.

grand, et conservant le pas ordonné à la totalité de la colonne, au moyen de quoi sa marche ne sera point retardée.

III.

On ne donne point de moyen pour un changement de front de pied ferme, parce qu'il n'est aucun cas où cette manœuvre puisse être nécessaire pour le bataillon en colonne.

IVe MANŒUVRE.

En arrière, changer de front.

Cela se fait de même par des quarts de conversion successifs, chaque section marchant ensuite quatre pas en avant, puis tournant une seconde fois à droite.

Ve MANŒUVRE.

Remplacer.

Cela se fait, les deux compagnies de la colonne faisant à droite et à gauche, et démasquant la section qui les suit, laquelle peut faire à son tour place aux deux sections suivantes, etc.

OBSERVATIONS.

Ve MANOEUVRE.

Remplacer.

C'est ici la manœuvre que M. de M.... D..... a empruntée au Chili. *Voy. chap.* 3, *pag.* 50. Elle n'a pas réussi dans notre continent, et ses partisans même l'ont proscrite tout d'une voix.

TEXTE.

VIe MANŒUVRE.

Déployer et reformer le Bataillon en colonne.

I.

Le déployement n'aura lieu que lorsque, pour faire usage de la mousqueterie, on voudra mettre le bataillon sur trois rangs.

II.

Il se fera toujours sur le centre et par tiroirs, etc.

III.

Si ce déployement se fait à portée de la mousqueterie, en le commençant. on commandera le feu de files qui s'étendra du centre à la droite et à la gauche, à mesure que les tiroirs se seront déployés et alignés.

IV.

Jamais un bataillon ne déployera autrement, et cette manœuvre centrale sera toujours possible, puisqu'au moment de déployer les bataillons, chacun d'eux sera déjà en ligne entre deux intervalles.

OBSERVATIONS.

VIe MANOEUVRE.

Déployer et reformer le Bataillon en colonne.

J'y reviendrai en traitant ci-après des déployemens plus en détail, au grand article qui les concerne.

TEXTE.

V.

Si, dans quelque cas, un bataillon ayant à déployer, étoit forcé d'arriver sur son terrein par la gauche, cela n'empêcheroit pas encore la même manœuvre; seulement avant de déployer, il se porteroit au centre de son terrein marchant par la droite, et ce mouvement de 25 toises joint à un déployement de 25 toises, n'excéderoit pas la longueur d'un déployement de 50 toises.

VI.

Pour remettre en colonne le bataillon déployé, on commencera par former les pelotons, c'est-à-dire, par les mettre sur six, puis la colonne se formera en avant par le centre, etc.

Cette manœuvre est la seule qu'emploie le bataillon déployé pour se mettre en colonne.

VII.

S'il n'a de débouché qu'en avant de sa droite, ou de sa gauche, il n'en faudra pas moins employer cette formation centrale, après laquelle, marchant par la droite, il se portera à son débouché.

OBSERVATIONS.

TEXTE.

VIII.

S'il borde de trop près un ruisseau, de sorte que la colonne ne puisse pas, dans sa formation, s'avancer de 30 pas, mais seulement de 15, cela n'empêchera pas encore d'employer les mêmes moyens. La colonne se formera sans intervalle entre les sections, et elle n'en a pas besoin pour le moment, puisqu'elle ne veut d'abord marcher que par le flanc.

IX.

Si l'on n'a pas ces 15 pas de terrein devant soi, il n'y aura encore aucun embarras, et les pelotons dans leur marche de flancs pourront appuyer sur leur gauche ou sur leur droite, pour former les sections en arrière de la première qui n'a bougé.

VIIIe MANŒUVRE.

Se mettre en bataille par Compagnie.

Cette manœuvre est pour former de chaque bataillon quatre petites colonnes au lieu d'une seule.

OBSERVATIONS.

VIIIe MANOEUVRE.

Se mettre en bataille par Compagnie.

On n'a jamais pu concevoir l'objet de cette manœuvre. J'ai ouï dire à des partisans de M. de M.... D..... que cet ordre répondoit à celui des manipules chez les Romains, et qu'il pouvoit être bon pour attaquer avec un seul bataillon, plusieurs points à la fois. Quoi qu'il en soit, elle a été aussi généralement proscrite au camp.

TEXTE.

IXe MANOEUVRE.

Se mettre par Compagnies en sections, etc.

Manœuvres de plusieurs Bataillons.

Se mettre en bataille.

Dispositions pour se mettre en bataille.

I.

Lorsqu'une colonne approchera du terrein où elle doit se développer, elle se dirigera sur le centre de la ligne qu'elle devra former.

II.

Si le débouché par où elle y arrive n'est pas directement en arrière du centre, en sortant du débouché, elle s'y portera par le plus court chemin, au moyen d'un petit changement de direction dans sa marche.

III.

La colonne de plusieurs bataillons approchant du terrein où elle doit se mettre en bataille, commencera par doubler et raccourcir pour se mettre en double colonne, si elle n'y est déjà.

OBSERVATIONS.

IXe MANOEUVRE.

Se mettre par Compagnie en sections, etc.

Elle a eu le même sort que la manœuvre précédente.

Manœuvres de plusieurs Bataillons.

Se metre en bataille.

Disposition pour se mettre en bataille.

Je vais réunir ici toutes mes observations sur ce qui a rapport au déploiement central; c'est la manœuvre importante et principale de M. de M.... D....., celle qu'il croit la plus avantageuse, et par conséquent celle qu'il faut combattre.

Je l'ai dit ailleurs, *voyez chap.* 3, *pag.* 55, ce développement sur le centre n'est point imaginé par M. de M.... D.... Il existoit avant qu'il se le fût attribué, sous le nom de *développement par cinquantaine*, et il existoit dans l'ordonnance de l'exercice de l'infanterie de 1753. L'ordonnance actuelle, en l'adoptant et en l'employant, ainsi que la formation centrale, dans la manœuvre du passage des lignes, n'a donc pas fait un plagiat sur lui, comme le prétend M. de M.... D..... Elle a repris son bien où elle l'a trouvé; elle s'est servie d'une manœuvre connue dans les anciennes ordonnances, et elle en a perfectionné les détails et les moyens d'exécution; au lieu que M. de M.... D....., en se l'appropriant, l'avoit fort mal arrangée.

TEXTE.

IV.

La double colonne ainsi formée et préparée, avant de procéder à son développement, on s'occupera d'établir son front dans l'alignement déterminé par les points de vue indiqués.

V.

En même temps que les bataillons s'établiront dans la ligne de direction, et que le reste de la double colonne suivra ce mouvement, le commandant fera rapprocher la colonne.

VI.

Dans tous les cas, pour se mettre en bataille, on partira de cet état de *double colonne rapprochée.*

Différences dans les formations en bataille.

I.

Mettre en *bataille* un ou plusieurs régimens, c'est en présenter les bataillons en ligne, ayant entr'eux des intervalles, et chacun dans son ordre de simple colonne serrée par section.

OBSERVATIONS.

Mais il ne s'agit plus ici d'examiner à qui le développement central appartient dans son origine. Il est question d'examiner la manœuvre en elle-même, ainsi que j'ai fait pour la formation de la colonne par le centre.

J'ai déjà dit, en réfutant cette formation, les raisons qui s'opposent à ce qu'on adopte les mouvemens par le centre comme moyens uniques et exclusifs ; et ces raisons étant communes au déploiement central ainsi qu'à la formation, j'y renvoie le lecteur.

Venons donc aux deux grands avantages que M. de M.... D..... attribue à ce déploiement. L'un est, prétend-il, celui de la promptitude; l'autre, celui d'être couvert pendant son exécution.

Il est hors de doute que, si on suppose une colonne d'un bataillon formée par le centre et arrivant directement par le centre de son terrein, le déploiement central ne soit un peu plus court et un peu plus couvert que toute autre espèce de déploiement.

Aussi répéterai-je ce que j'ai dit en parlant de la formation de colonne sur le centre, qu'elle est, sans contredit, celle qui doit se préférer lorsqu'on est sûr de pouvoir arriver au terrein de la nouvelle position par le centre; aussi l'ordonnance l'a-t-elle employée très-à-propos dans des mouvemens de pied ferme, tels que le passage des lignes où l'on a la certitude de se déployer à la même place et par les mouvemens contraires ; aussi vais-je encore plus loin que l'ordonnance, et crois-je qu'elle seroit encore bonne à em-

TEXTE.

II.

Mettre une ligne sur trois rangs, c'est déployer la ligne.

III.

On a fixé à six toises les intervalles entre les bataillons déployés, mais entre les bataillons en bataille, ils varieront selon l'étendue du terrein, la quantité de troupes, et l'objet qu'on se proposera.

IV.

Pour établir pourtant quelque chose de fixe, ou du moins de primitif, on supposera, comme en effet il arrivera souvent, que deux bataillons en bataille tiendront le front d'un bataillon déployé, de sorte qu'un corps d'infanterie égale le front d'un ennemi de même force qui seroit déployé sur deux lignes. C'est donc ainsi qu'on le mettra en bataille toutes les fois qu'il n'y aura pas d'ordre contraire.

V.

Si l'on veut resserrer dans le front d'un bataillon déployé, non-seulement deux batail-

OBSERVATIONS.

ployer dans beaucoup de cas, comme colonne d'attaque, et toutes les fois qu'ayant devant soi un terrein libre, on prévoit pouvoir se déployer par le centre.

Mais, comme je l'ai prouvé ensuite, cette formation et ce développement par le centre, ne peuvent être des méthodes exclusives et universelles. On ne peut, sur-tout, les appliquer aux marches d'armées. Dans les marches, on ne sait où l'on aboutira; on ne peut prévoir le point où l'on pourra être obligé de se développer. Pour le cas unique où l'on peut arriver par le centre de sa nouvelle position, il s'en présente deux où l'on arrive par les ailes, sans compter toutes les directions qui se trouvent entre le centre et les ailes, etc. etc. Mais évitons l'inconvénient de la conviction, qui est d'abonder dans son sens et de se répéter quelquefois; passons à des raisons nouvelles.

En convenant que le déploiement central est un peu plus court et un peu plus couvert que toute autre espèce de déploiement, dans la supposition que la colonne arrive immédiatement sur son nouveau terrein par le centre; cet avantage se réduit toutefois à une si légère différence par comparaison au déploiement sur la division du centre, tel qu'il se fait dans l'ordonnance, qu'elle est à peine calculable.

En effet, si l'on compare les deux manœuvres relativement à la promptitude, le déploiement se fait également dans toutes deux, par deux parties du bataillon à la fois. Une division du bataillon se trouve également dans toutes deux, établie sur la nouvelle ligne de front.

TEXTE.

lons, mais trois ou même quatre; on en fera l'avertissement en même temps que les commandemens nécessaires pour se mettre en bataille.

VI.

Dans les intervalles ainsi resserrés ou en avant d'eux, il ne restera pas assez de place pour les grenadiers et chasseurs, mais seulement pour ces derniers. On mettra donc les grenadiers en avant du front des bataillons, et les chasseurs en deux troupes sur les flancs.

VII.

On remarquera qu'assez généralement dans les dispositions importantes, les parties de ligne destinées à agir, et qui devront décider la victoire, seront aussi en bataille avec des intervalles moindres que dans la disposition primitive. Celle-ci n'aura guère lieu, du moins dans la totalité de la ligne, que pour le premier ordre de bataille à la tête du camp *.

* Le réglement entre ici dans de longs détails sur les moyens intérieurs pour se mettre en bataille tant en avant qu'en arrière, à droite et à gauche. Mon objet n'étant pas de discuter tous ces détails, je les passerai sous silence.

OBSERVATIONS.

Il n'y a qu'une seule différence à l'avantage du déploiement de M. de M.... D.....; c'est que le mouvement se fait des deux côtés en avant et sur un point fixe, qui est la division de la tête de la colonne; au lieu que dans le déploiement de l'ordonnance, la division du centre de la colonne, qui est la division d'alignement, est obligée de se porter en avant jusques sur la nouvelle ligne de front, les autres venant successivement se réunir à elle, mouvement un peu plus compliqué, un peu plus lent, et qui équivaut à la différence de quelques secondes de plus dans l'exécution.

Quant à la différence des deux manœuvres relativement à l'objet d'être plus ou moins couvert, voici à quoi cela se réduit. Dans le déploiement de M. de M.... D..... la division de la tête de la colonne peut faire feu dès le premier moment, et c'est en cela que ce déploiement est en effet protégé dès son commencement; au lieu que dans le déploiement de l'ordonnance sur le centre, cette division ne peut tirer que quand elle est arrivée sur la nouvelle ligne de front; ou, si le déploiement se fait de pied ferme, que quand elle a été démasquée par les divisions qui étoient devant elle.

Mais il ne s'agit pas ici de considérer le déploiement central relativement à une colonne d'un seul bataillon, il faut l'appliquer à des colonnes plus fortes, à des colonnes d'armée, et à toutes les variétés de terreins et de circonstances que la guerre peut offrir; on verra alors qu'il n'en est pas d'une colonne nom-

DEFENSE

TEXTE.

OBSERVATIONS.

breuse comme d'une colonne d'un seul bataillon ; que cette première, sous la forme de double colonne, devient une machine très-lourde, très-embarrassante, très-peu susceptible de se plier à de certaines combinaisons de circonstances et de terreins : qu'enfin le déploiement central y est très-inférieur aux déploiemens de l'ordonnance. Ceci est un point trop important pour que je ne cherche pas à y répandre tout le jour possible. Je vais donc donner une planche pour l'intelligence de mes observations.

Soit un corps de 12 bataillons, je le suppose composé des mêmes brigades que dans la planche, s'étant mis en colonne de marche, c'est-à-dire, en double colonne, marchant quelque temps dans cet ordre, puis rencontrant un défilé en avant du prolongement de la droite de son ancienne position (*Voyez* fig. 1 et 2, planche III) ; passant ce défilé, et y éprouvant (*Voyez* fig. 3) toutes les modifications de la double colonne à la simple colonne, et de la simple colonne à la colonne par pelotons, et à la colonne par tranches ; se reformant ensuite successivement en double colonne quand il est entré dans la plaine, pour arriver en colonne jumelle sur le centre de la position qui borde le ruisseau. (*Voyez* fig. 4.)

Arrivé là, le déploiement de chaque jumelle se fait par la droite dans la jumelle droite, par la gauche dans la jumelle gauche, chaque bataillon se portant en masse sur le centre du terrein qui lui est destiné. (*Voyez* fig. 5 et 6.)

TEXTE.

OBSERVATIONS.

Suivons ce déploiement. On y remarquera d'abord que tous les bataillons de droite se portent inutilement vers le centre, pour ensuite déployer par leur droite, et y refaire encore une fois tout le chemin qu'ils ont fait de trop. Le bataillon du centre de la ligne et les bataillons de gauche, s'ils ne doivent se déployer de la colonne de marche que pour rester en simple colonne, ne font pas à la vérité plus de chemin qu'ils ne doivent faire ; mais si la disposition qu'on doit prendre est l'ordre déployé, ce qui est indiqué par la nature du pays, par les principes de M. de M.... D....., puisque la position a un ruisseau devant elle, toutes les manches droites des bataillons de gauche, et toutes les manches gauches des bataillons de droite parcourent en outre deux fois pour une le front d'un demi-bataillon ; or une manœuvre est à coup sûr défectueuse, quand toutes les parties de troupes qui l'exécutent n'atteignent point le but de la manœuvre par le chemin le plus court et en parcourant le moins d'espace possible. On verra ci-après que le déploiement de l'ordonnance dans le cas présenté ci-dessus, remplit exactement cette condition.

Examinons maintenant comment ce déploiement central se trouve couvert, et nous allons voir que ce prétendu avantage disparoît quand il est question de plusieurs bataillons, et par conséquent, suivant le système de M. de M.... D...., de partir pour déployer de la formation en double colonne.

A l'instant où le bataillon de la tête de jumelle droite

TEXTE.

OBSERVATIONS.

et celui de la tête de jumelle gauche arrivent sur le centre de leur terrein, ils font halte et peuvent commencer leur déploiement particulier ; mais le second bataillon de chacune de ces jumelles commence à se montrer à l'instant où le déploiement de son premier bataillon finit, et à parcourir à découvert l'étendue du front d'un demi-bataillon pour arriver sur le centre de son terrein où il doit commencer son déploiement particulier. Cet inconvénient se répète pour tous les autres bataillons de droite et de gauche.

Il s'en faut donc bien que le déploiement de chaque bataillon soit couvert dans le déploiement de double colonne, comme il l'est dans le déploiement individuel de chaque bataillon une fois arrivé en simple colonne sur son terrein ; et l'inconvénient de ce premier déploiement, si c'en est un, dure bien plus long-temps que dans le déploiement de l'ordonnance.

Je ne relève cette circonstance de marcher à découvert pendant une partie du déploiement, que pour faire voir qu'à cet égard le déploiement central n'a aucun avantage sur celui de l'ordonnance ; car au fond je n'attache pas beaucoup d'inconvéniens à ce prétendu désavantage. Jamais une troupe, et à plus forte raison une colonne d'armée, à moins d'une surprise qui ne pourroit qu'être funeste, ne se trouvera dans le cas de déployer sous le feu de mousqueterie de l'ennemi. Peu importe donc qu'on prête le flanc quelques secondes en déployant, puisque l'ennemi est hors de mesure d'en profiter. On m'objectera le feu de l'artillerie ; à cela

TEXTE.

je répondrai, il est vrai que c'est en partant d'un autre principe que M. de M.... D...., et en comptant le feu de l'artillerie pour quelque chose, que je ne tenterai que bien rarement de déployer une colonne sous un feu d'artillerie vif et meurtrier; et qu'au surplus, si je suis arrivé jusqu'à portée de ce feu en colonne, il n'y a guère plus d'inconvénient à lui prêter le flanc que le front, puisque si mon flanc lui présente d'un côté un plus grand prolongement, il lui offre d'un autre côté moins de profondeur qu'une colonne qu'il battroit de front et de revers.

Cette petite digression m'a éloigné un peu de l'analyse de la manœuvre des 12 bataillons; mais, après avoir commencé par prouver que le déploiement central, appliqué à plusieurs bataillons, n'étoit pas couvert, ainsi que le prétendoit M. de M.... D....., je n'ai pas voulu laisser derrière moi, sans la combattre, l'erreur qui lui faisoit attacher de l'importance à ce prétendu avantage. Je reviens à mon objet.

Que l'on compare maintenant avec ce qu'on vient de voir ci-dessus, la marche et le déploiement de 12 bataillons suivant les moyens de l'ordonnance, et dans la même hypothèse de terrein et de circonstances. (*Voy.* Planche IV.)

On verra premièrement (Fig. 1) que toute la colonne sera déjà en mouvement et en pleine marche, tandis que les bataillons de la ligne de M. de M.... D.... travailleront encore à se former en simple colonne en avant de leur front.

DEFENSE

TEXTE.

OBSERVATIONS.

On verra que le bataillon de la droite sera déjà dans le débouché, tandis que le bataillon du centre, suivant la formation de M. de M.... D....., aura encore à parcourir le front des six bataillons de la droite. On verra que, quels que soient les doublemens et dédoublemens que puisse occasionner le plus ou le moins de largeur du défilé, la colonne avancera toujours, les brigades, les régimens, les bataillons, les compagnies conservant toujours leur ordre primitif; enfin, chaque troupe, quelque front qu'elle prenne, étant toujours précédée ou suivie par les mêmes troupes qu'elle a à sa droite ou à sa gauche dans l'ordre de bataille.

Quant au déploiement, on verra qu'ici, on n'est point assujéti, comme dans l'autre formation, à se porter au centre de la position où l'on veut se déployer; que la tête de la colonne se porte droit en avant du débouché; qu'arrivée là, trois bataillons déploient par leur droite et neuf par leur gauche, d'où il résulte que la ligne est formée sur le même front, et qu'elle appuie aux mêmes points que dans la manœuvre précédente.

Ce qu'on verra ensuite en examinant les détails de ce déploiement, et en les comparant au déploiement de la double colonne, c'est que chaque bataillon, chaque portion de bataillon ne fait pas dans ce premier, un pas qui ne l'approche du terme de son mouvement, c'est-à-dire, du point qu'elle doit occuper dans la nouvelle position; c'est que les six bataillons de droite y seront déployés à l'instant où la colonne centrale de

TEXTE.

OBSERVATIONS.

M. de M.... D..... commencera son déploiement, et que les six bataillons de gauche commençant leur déploiement au même moment où la jumelle gauche commenceroit le sien, il n'y aura pas un moment de retard pour eux; c'est que chaque bataillon commençant son déploiement de la droite ou de la gauche du terrein qu'il va occuper, le demi-rang qui, dans la formation centrale, parcourt deux fois l'étendue de son front, est déployé ici à l'instant où ce même bataillon, dans le systême de M. de M.... D....., ne feroit que commencer son déploiement au centre de son terrein.

Ce qu'on y verra enfin, c'est que le déploiement central qu'on annonce pour être couvert, l'est effectivement beaucoup moins que celui-ci, puisque chaque bataillon marche découvert la moitié de l'étendue de son front, tandis que dans la manœuvre de l'ordonnance, il n'est découvert que pour les trois bataillons de la droite, les neuf autres bataillons manœuvrant toujours à couvert derrière la dernière troupe formée.

La manœuvre de la planche III ne présente encore la colonne de M. de M.... D..... que dans le cas le plus favorable, dans le cas unique où elle peut arriver sur son terrein par le centre. Mais supposons d'autres circonstances telles que la guerre et le pays peuvent très-fréquemment les offrir.

Supposons que la colonne ne puisse gagner le centre de son terrein, parce qu'il se trouveroit des obstacles intermédiaires entre ce centre et elle, ainsi que dans la fig. 7, planche III.

TEXTE.

Se mettre en bataille sur deux lignes.

I.

Lorsque la ligne en bataille se trouvera au moment et en position de faire usage de sa mousqueterie, tous les bataillons déployeront, etc.

II.

Si la ligne étoit en bataille tenant deux bataillons dans l'étendue d'un seul déployé, avant

OBSERVATIONS.

Supposons qu'il soit nécessaire de se former en sortant du débouché, et d'occuper la hauteur boisée qui est à la droite du défilé pour y appuyer sa droite. (Voy. fig. 8.)

Supposons que l'ennemi se montrant sur le flanc de la marche, il faille se mettre en bataille, la droite au défilé et la gauche vers le ruisseau. (Voy. la fig. 9.)

Ces suppositions auxquelles la colonne de l'ordonnance feroit face sans confusion, sans retard, et avec la plus grande simplicité, deviennent pour celles de M. de M.... D..... de véritables problêmes à résoudre, et ces problêmes ne peuvent être résolus que par des moyens très-lents et très-compliqués.

Je ne m'arrêterai point ici à donner ces solutions et à les réfuter; j'en ai assez dit pour mettre sur la voie. C'est soulager mes lecteurs et moi, que d'abandoner le reste à leur intelligence.

Se mettre en bataille sur deux lignes.

I et II.

On voit dans ces paragraphes la confirmation du principe de M. de M.... D....., de ne combattre ordinairement que sur une ligne. Il ne se met sur deux lignes que pour l'action de mousqueterie. C'est dans les chapitres de la grande Tactique, en traitant des ordres de bataille, que je releverai cette dangereuse partie de son systême.

TEXTE.

de le déployer on retirera en arrière ceux de seconde ligne; mais pour peu qu'on soit pressé de faire usage de son feu, on retirera plutôt les dernières sections de tous les bataillons, et on fera à l'ordinaire le déployement des premières.

Marche en bataille.

I.

Cette marche, infiniment difficile, pour ne pas dire impossible à des bataillons déployés, sera très-facile pour une ligne formée en bataille d'après les principes de cette instruction, et elle permettra indifféremment toute espèce de pas; la ligne marchera en bataille au pas de manœuvre aussi bien qu'au pas ordinaire.

II.

On pourra avec la même facilité changer de direction, marcher en retraite, et marcher par son front, etc.

III.

Toutes les fois que la ligne sera déployée, elle ne marchera point en avant, puisqu'elle

OBSERVATIONS

Marche en bataille.

I.

On a vu au camp combien cette assertion est dénuée de fondement. La marche en bataille d'une ligne de colonnes est au moins aussi lente que celle d'une ligne de bataillons, et elle est beaucoup plus difficile. Cette extrême lenteur vient de la difficulté d'observer ses intervalles par la droite et par la gauche à la fois, ainsi qu'on y est obligé dans une ligne de colonnes. Aussi, toutes les fois que les colonnes de M. de M.... D.... ont marché en ligne, on a été obligé à chaque instant d'arrêter pour se redresser et pour faire des mouvemens de flanc. A l'égard de la célérité que M. de M.... D..... attribue à ses colonnes, on a vu encore qu'elles ne marchoient pas plus vîte que des bataillons en ligne, dans l'épreuve de comparaison faite un jour en présence de M. le Maréchal, entre la brigade de Bassigny exécutant les manœuvres de l'ordonnance, et une brigade de l'armée manœuvrant selon le système de M. de M.... D..... Les deux brigades furent mises

TEXTE.

n'a dû se déployer qu'à l'occasion d'un obstacle, qui, couvrant son front, la réduit au combat de mousqueterie.

IV.

Si cependant elle avoit à marcher par son flanc, par exemple, pour filer par sa droite le long d'un ruisseau qu'elle borderoit, et sur lequel l'ennemi s'étendroit de son côté par la gauche; dans ce cas on feroit former les pelotons, puis rompre à droite par pelotons, et arrivé sur le terrein où l'on voudroit faire front, on se remettroit en ligne par des quarts de conversion, par pelotons, et de-là dans l'ordre de feu en faisant déployer les pelotons.

OBSERVATIONS.

en concurrence l'une à côté de l'autre pour la marche en bataille ; on leur fit parcourir des espaces de 3 ou 400 toises au moins, au pas de manœuvre, et l'avantage fut à peine de quelques pas pour la brigade en colonnes. Mais il faut observer,

1°. Que la brigade de Bassigny venoit de manœuvrer deux heures sans repos, en présence de M. le Maréchal, et qu'on fit sortir l'autre brigade de son camp pour cette comparaison ; d'où il résultoit, ce qui sans doute mérite quelque considération, qu'une troupe fraîche luttoit contre une troupe harassée.

2°. Qu'après avoir marché ainsi, les bataillons se trouvèrent toujours parfaitement formés et en état de combattre, au lieu que les colonnes avoient si mal observé leurs intervalles, qu'il eût été impossible de les déployer si les circonstances l'eussent exigé.

3°. Que les colonnes avoient cependant pris toutes les facilités possibles pour marcher rapidement, et qu'en conséquence, soit involontairement, soit que cela eût été commandé, les tiroirs, les sections marchoient avec des intervalles, ce qui étoit contraire aux principes du réglement de M. de M.... D....., et rapprochoit sur ce point sa colonne des principes de celle de l'ordonnance.

4°. Qu'enfin ce genre d'épreuve, cette espèce de lutte ne pouvoit, quel qu'en fût le résultat, ni rien signifier, ni rien prouver; car les partisans de la tactique moderne n'ont jamais prétendu qu'il ne fût plus commode de faire un mouvement de longue haleine en colonnes,

TEXTE.

qu'en ligne de bataillons. Cela est si vrai, que dans cette tactique tous les grands mouvemens d'armée se font par des colonnes, que jamais, et dans aucun cas le roi de Prusse n'a tenté de remuer son armée en ligne, et qu'il la tient en colonnes, en tout ou en partie, jusqu'au moment où son ordre de bataille est déterminé. Ceci sera plus amplement développé en traitant des ordres de bataille.

L'objet de la marche en bataille, c'est-à-dire, la marche en ligne de bataillons, est donc bien mal entendu par M. de M.... D....., lorsqu'il semble regarder cette marche comme un de nos moyens de grands mouvemens, qu'il s'égaye toujours en conséquence sur l'inconvénient des lignes *minces et traînantes*, et qu'il y oppose ses mouvemens en colonnes? Comme lui et avant lui nous faisions nos mouvemens en colonnes; comme lui, nous arrivons par les colonnes à tous nos ordres de bataille et à toutes nos dispositions; comme lui nous nous en servons pour traverser les grands espaces et pour faire toutes les grandes manœuvres; comme lui, nous nous en servons au besoin pour rassembler plus de forces sur un point; comme lui enfin, nous les employerons dans nos ordres de bataille et dans les actions, mais ce ne sera pas indifféremment et dans toute espèce de terreins et de circonstances; ce sera quand nous pourrons les mettre à l'abri du feu de l'ennemi, ou approcher de lui à couvert; ce sera quand, par un feu d'artillerie supérieur, nous aurons éteint, ou du moins diminué le sien; ce sera, en un mot, quand l'attaque

TEXTE.

OBSERVATIONS.

se réduira à des points retranchés qu'il faudra emporter par une succession d'efforts, etc. Tels sont, relativement aux colonnes, les principes de la tactique moderne bien entendue et bien employée. Voici maintenant aussi ses véritables principes relativement à la marche en bataille.

La marche en bataille ne doit être employée que pour parcourir des espaces peu considérables; c'est de-là que l'ordonnance établit formellement *qu'on se mettra en colonne toutes les fois qu'il s'agira d'un grand mouvement.*

La marche en bataille ne doit jamais être considérée que relativement à des portions de ligne, car une armée ne s'ébranle, n'agit, n'attaque point à la fois et du même mouvement. Elle est dans son organisation habituelle déjà partagée en divisions; et à la guerre, dans une action, ces divisions sont encore nécessairement subdivisées par la nature du terrein et par celle des circonstances; car supposons une division chargée d'un point d'attaque, elle n'agit jamais tout à la fois et sur une ligne contigue; elle a des parties qui attaquent de front, d'autres qui cherchent à embrasser les flancs, d'autres qui soutiennent ou qui sont en panne. On ne voit donc jamais à la guerre de longues lignes marcher en bataille. Si le roi de Prusse, dans ses camps de paix, fait quelquefois marcher ainsi dix-huit ou vingt bataillons, parcourant de très-grands espaces, c'est parce qu'il veut jouir de l'étonnant résultat de l'instruction de ses troupes, et qu'il sait très-bien que les ayant for-

DEFENSE

TEXTE.

OBSERVATIONS.

mées à la paix aux mouvemens les plus difficiles, ce qu'il leur demandera à la guerre étant plus simple et moins exagéré, leur sera ensuite familier et facile.

La marche en bataille est indispensable dans une infinité de circonstances, 1°. pour charger l'ennemi en ordre déployé ; car nous sommes loin et très-loin de penser qu'il faille toujours l'attaquer en colonne ; et quand nous en serons à examiner la colonne comme ordonnance d'attaque dans la seconde Partie de cet Ouvrage, nous distinguerons et nous détaillerons les seuls cas où nous croyons qu'elle puisse être employée.

2°. Pour agir dans des pays coupés, où il est tour-à-tour besoin de tirer et de marcher.

3°. Pour traverser des espaces découverts battus par un grand feu, et arriver plus sûrement à l'ennemi.

4°. Pour embrasser des points d'attaque, pour envelopper des flancs, pour soutenir des colonnes dans une attaque de postes, et occuper, quand elles auront percé, ce qui ne se fait jamais sans beaucoup de perte et de désordre, le poste emporté par une ligne de mousqueterie.

5°. Pour entremêler, si on le juge à propos, des bataillons avec des colonnes en faisant cette attaque.

6°. Pour faire avancer des troupes qui sont en réserve à l'appui des troupes qui sont engagées en action, et ne pas les faire écraser mal-à-propos par l'artillerie ennemie avant qu'elles n'entrent en action elles-mêmes. Là, il n'est pas question de marcher rapidement et de joindre l'ennemi, il faut avancer pied à pied, et sui-

DEFENSE

TEXTE.

OBSERVATIONS.

vant les progrès du corps qui attaque; il faut alternativement marcher et s'arrêter, se tenant toujours en mesure de le soutenir et de le rafraîchir au besoin.

Je n'ai pas cru cette digression sur la marche en bataille indifférente; c'est un point de la tactique moderne qui avoit besoin d'être développé, tant pour ses critiques que pour ses partisans.

III.

M. le Maréchal a si bien senti que des bataillons déployés pouvoient être dans le cas de marcher dans cet ordre, qu'il n'a point adopté, à cet égard, le principe exclusif posé par le réglement dans ce paragraphe; et que, dans plusieurs manoeuvres, il lui est arrivé de commander lui-même à des bataillons déployés, de marcher en avant.

IV.

Dans l'ordonnance, avec un seul mouvement très-simple, on remplit cet objet; il ne s'agit que de faire rompre le bataillon par pelotons à droite, ou de le faire marcher par son flanc. Ici plutôt que d'adopter un de ces deux moyens qui sont assurément les plus courts, voyons tout ce que M. de M.... D..... y substitue. D'abord il fait former le peloton pour se mettre sur six rangs, puis rompre; puis arrivé au point où il veut faire face, il faut se remettre en ligne par des quarts de conversion, et ensuite dans l'ordre de feu, en faisant déployer

TEXTE.

Mettre une ligne en colonne pour la marche.

I.

Toute ligne, ou partie de ligne qui devra se mettre en colonne de marche, se formera en double colonne, les deux premiers bataillons formant la tête de la colonne dans laquelle entreront successivement tous les autres, etc. etc.

II.

Marchant ainsi en double colonne, si le terrein l'exige, on resserrera sa rue; s'il se resserre davantage, on se mettra ensuite en simple colonne, ou même en colonne par pelotons et par tranches *.

* Viennent ensuite, avec le plus grand détail, toutes les différentes manières de se mettre en marche; telles que marche en avant, le débouché étant devant le centre; marche en avant, le débouché étant devant les aîles; marche en retraite; marche partant de l'ordre déployé; marche en arrière; marche de front à droite; marche de front vers les aîles, etc. etc. Tout ce Texte n'est point susceptible d'extraits; mais en revanche il faudroit

les pelotons. C'est ainsi que M. de M....D..... en use à-peu-près par-tout. Il met toujours le composé à la place du simple, et il appelle cela perfectionner.

Mettre une ligne en colonne pour la marche.

J'en ai assez dit sur cet objet en parlant de la formation de la colonne. Je renvoie mes lecteurs au texte même. Il porte sa critique avec soi. Je demande qu'on lise seulement les deux étranges manœuvres que j'y rapporte; l'une pour former la ligne en colonne en avant, le débouché étant devant la droite de la ligne; et l'autre pour former la ligne en colonne de marche en retraite. Je ne puis toutefois m'empêcher de faire observer à propos de cette dernière manœuvre, qu'elle sera très-embarrassante, pour ne pas dire impossible, dans un camp dont le front seroit embarrassé d'obstacles; car le moyen de faire alors tous les mouvemens, moitié en avant, moitié en arrière, qui sont prescrits dans cette manœuvre! Il peut cependant souvent arriver que le déblai d'une marche se fasse par les derrières du camp. Cela arrivera d'abord pour toutes les marches en arrière, mais aussi pour beaucoup de marches de flanc. C'est de-là, et de mille autres inconvéniens, que les circonstances locales et accidentelles auroient fait naître à chaque pas, qu'il ne falloit, pour confondre le système de M. de M.... D....., relativement à toute la partie mécanique et intérieure, que faire exécuter

TEXTE.

d'abord un commentaire à chaque article pour éclaircir ce qu'a voulu dire l'auteur, et ensuite une longue discussion pour le combattre, et le tout me paroît inutile ; parce qu'encore une fois ce n'est point par les détails qu'il faut juger de son systême ; et que, comme je l'ai déjà observé, si le systême étoit bon en lui-même toutes les manœuvres en seroient à refaire.

Pour prouver que ce j'avance, je vais me contenter d'exposer les deux premiers cas de marche, tels qu'ils sont dans ce Réglement.

Marche en avant, le débouché étant devant la droite de la ligne.

Si le débouché est en avant de la droite, et trop près pour que la colonne, sortant du centre, puisse facilement s'y porter par un simple changement de direction, en marchant, on commandera : *double colonne sur la droite, marche*. A ce commandement répété par tous les officiers supérieurs, ceux seulement des deux bataillons du centre ajouteront *en avant ;* puis au commandement : *marche*, qui ne sera répété non plus que par eux, tous ces bataillons marcheront quatre-vingts pas. (Si le terrein n'en permettoit que cinquante, toute la droite, qui ne bouge encore, en marcheroit trente en arrière.)

Ensuite l'officier supérieur du premier ba-

OBSERVATIONS.

à l'armée trois ou quatre marches, tant de jour que de nuit, dans diverses suppositions, et dans des pays tant soit peu coupés, l'armée étant obligée, par l'apparition de l'ennemi, de prendre un ordre de bataille relatif aux circonstances où elle se seroit trouvée.

TEXTE.

taillon, suivi par tous ceux de la gauche, commandera *à droite, marche.* A ce commandement tous les bataillons marcheront par leur droite jusqu'à ce que les deux premiers étant arrivés en face du débouché, on leur commande : *à gauche, marche.* Tous ceux qui les suivoient feront de même, au même point où le premier de la gauche aura fait *front*, et marcheront à sa suite formant la jumelle gauche.

Quant à ceux de la droite, il ne leur sera point fait de commandement général; mais lorsque le premier de cette droite et ceux de la gauche, s'étant portés en avant, auront fait *à droite*, le second de la droite, au commandement de son officier supérieur, marchera en avant quarante pas, puis faisant de même *à droite*, marchera à hauteur du premier; de sorte que lorsque celui-ci arrivera au débouché, le second faisant front en même temps, se trouvera derrière lui et prêt à le suivre.

Dès que le second bataillon de la droite aura dépassé le troisième, celui-ci fera de même quarante pas en avant, puis à droite marchant à sa suite et à hauteur du premier de la gauche.

OBSERVATIONS.

TEXTE.

Lorsqu'il sera arrivé au débouché, il fera front au même point où l'a fait le deuxième, pour marcher à sa suite dans la jumelle droite, ainsi des autres.

Marche en retraite.

Pour marcher en retraite en colonne renversée, le commandant commandera *en retraite double colonne*, à moins qu'il ne préfère d'envoyer seulement cet ordre aux deux officiers supérieurs des derniers bataillons de droite et de gauche. A ce commandement les autres bataillons ne bougeant pas encore, ces officiers supérieurs commanderont *demi-tour à droite*, et *marche*. Après avoir fait ainsi 45 pas, celui du bataillon de droite commandera *à droite*, *marche*, et arrivé en arrière du bataillon qui en ligne étoit à sa gauche : *à gauche*, *marche;* alors ce dernier bataillon fera demi-tour à droite, etc.; et tous deux, ayant marché en arrière 45 pas, puis par le flanc, seront de même suivis du troisième, et ainsi des autres; ceux de la gauche manœuvreront de même, marchant 45 pas en retraite, puis 75 par la gauche, pour se mettre en arrière de celui de

OBSERVATIONS.

TEXTE.

leur droite, jusqu'à ce que tous étant arrivés en arrière des deux premiers bataillons, centre de la ligne, ceux-ci feront *demi-tour à droite*, et marcheront à la suite de la double colonne.

Les grenadiers et chasseurs suivront sur les flancs de leurs bataillons comme dans la marche en retraite en bataille; et à mesure que ces bataillons entreront dans la colonne arrivant derrière ceux qui les précèdent, les grenadiers et chasseurs s'y placeront derrière les premières sections devenues dernières.

Passage du défilé.

Je me dispenserai de faire ici l'extrait des diverses manières que donne le réglement pour le passage du défilé marchant en ordre de bataille. Je ne puis que renvoyer à cet égard à la note précédente.

Passage de lignes.

Si la première ligne étant déployée, on veut la remplacer par la seconde, qui elle-même ne l'est pas, on fera marcher la seconde jusqu'à ce qu'elle ait porté ses fanions dans l'alignement, et elle entrera dans les petits intervalles de la première. Cela fait, et les fanions alignés,

OBSERVATIONS.

Passage du défilé.

J'ai parlé de ses inconvéniens dans mes observations sur l'article intitulé : *Ordre des troupes dans les colonnes de marche*. Il me resteroit des erreurs de détail à relever, mais je veux abréger.

Passage de lignes.

Cette manœuvre n'a pas besoin d'observations ; elle ne peut avoir lieu, suivant le systême de M. de M.... D....., que dans le cas d'un combat réduit à l'action du feu, puisque ce n'est que dans ce cas qu'il forme plus d'une ligne. Je me contenterai de lui demander seulement ce qu'il prétend faire d'une ligne passivement formée en colonne à 75 toises de la première, supposée

TEXTE.

on déployera tous les bataillons de seconde ligne, tandis que tous ceux de la première formeront la colonne en retraite; et lorsque la deuxième sera entièrement déployée, la première, entièrement reployée, se portera à 150 pas en arrière.

Changemens de position.

I.

Le changement de position d'une ligne pour chaque bataillon particulier, n'est point une manœuvre, mais seulement une marche qu'il fait dans l'ordre ordinaire, se portant à la place qui lui est destinée dans sa nouvelle direction, etc. etc.

II.

Tout changement de position oblique n'a pas besoin de se commander; et il suffira qu'il soit indiqué par le changement de direction des fanions du bataillon d'alignement.

III.

Tout changement de position de cette espèce n'est autre chose qu'un changement de direc-

engagée dans un combat de mousqueterie, et par conséquent à l'égoût du feu de l'ennemi.

Changemens de position.

C'est dans les manœuvres de changemens de front et de position, que M. de M.... D..... prétend avoir une grande supériorité sur la Tactique moderne, et notamment sur l'ordonnance. Examinons cette prétendue supériorité, et voyons à quoi elle se réduit.

D'abord elle est nulle pour les corps de troupes un peu considérables, et pour les armées; car je prouverai, en traitant des grandes manœuvres et mouvemens d'armée, que tous les changemens de front ou de position d'une armée, ou d'un corps d'armée, ne s'exécutent jamais par des évolutions, et qu'ils rentrent nécessairement dans la classe des marches.

Ce n'est donc plus que sous le rapport de quelques bataillons, au plus, qu'il est question de les considérer, puisque ce n'est que dans ce cas qu'ils peuvent être regardés comme des manœuvres, et s'exécuter par des évolutions.

TEXTE.

tion de la ligne en marchant, et se fait par conséquent au moyen d'une nouvelle direction qu'on donne au bataillon d'alignement.

IV.

Les changemens de positions perpendiculaires peuvent se faire par deux moyens.

1°. On peut faire faire à tous les bataillons en même temps le changement de front supposé à droite; ensuite, si la nouvelle position est en arrière de la première, le premier bataillon, à compter par la droite, s'y étendra marchant par le flanc. Toutes les autres suivront et feront à droite au même point. Si au contraire la nouvelle position est en avant de la droite de la première, toute la ligne, devenue colonne, rapprochera sur le bataillon de sa droite, qui est à la tête, puis développera par sa gauche, manoeuvrant comme jumelle gauche.

2°. On peut s'y prendre autrement; portant chaque bataillon de la première position à sa place dans la deuxième, par le plus court chemin, et lui faisant faire son changement de front en marchant.

OBSERVATIONS.

Dans le réglement de manœuvres de M. de M.... D..... tous les changemens de front et de position s'exécutent en colonne par bataillon ; et les bataillons, en arrivant sur la nouvelle position, se retrouvent ainsi toujours dans leur ordre habituel et primitif. Quoique ces mouvemens par masses ne soient pas tout-à-fait exempts d'inconvéniens, par la difficulté qu'elles ont à se mouvoir et à tourner sur elles-mêmes, il faut convenir que ces changemens de front présentent un ensemble de sûreté et de solidité plus imposant que ceux de l'ordonnance. Mais voyons à quoi cela tient, et s'il s'ensuit que les moyens de l'ordonnance ne soient pas les meilleurs possibles, relativement à la base d'où elle part.

L'ordre déployé étant notre ordre primitif et habituel, presque tous les changemens de front ou de position partent de l'ordre déployé, et y conduisent. Voilà ce qui rend nécessairement nos changemens de front et de position plus longs pour parvenir jusqu'à leur dernier terme, que ceux de M. de M.... D..... Nous avons deux mouvemens de plus pour les exécuter, l'un de l'ordre déployé pour nous mettre en colonne, et l'autre pour repasser ensuite en arrivant sur la nouvelle position de l'état de colonne à celui d'ordre déployé. Ajoutez à cela que notre front étant toujours plus étendu, et que notre principe étant toujours de laisser entre nos colonnes quelconques l'intervalle nécessaire pour se déployer, le terrein que nous avons à parcourir est toujours d'un tiers ou du double plus considérable que celui que parcourt M. de M.... D....., lui qui ne part point du même

TEXTE.

V.

Le changement de position perpendiculaire et central se fera de même que ci-dessus, l'une des deux parties de la ligne manœuvrant en arrière et par les derniers rangs des bataillons.

VI.

Le grand usage des changemens de positions perpendiculaires se trouvera dans les changemens d'ordre de bataille et autres grandes manœuvres en corps d'armée, lorsque des parties de lignes passeront du parallèle aux perpendiculaires ; les changemens de cette espèce seront encore plus simples que les précédens, puisque les bataillons n'auront pas à changer de front, mais seulement à marcher quelque temps par la droite ou par la gauche, puis se remettre de front pour marcher en ligne perpendiculaire à la suite d'un bataillon indiqué. L'effet de ce moyen pour varier la disposition même en arrivant sur l'ennemi, renforcer des parties de lignes, en refuser d'autres, éviter des terreins trop difficiles ou trop défendus, et s'attacher aux points convenables, donnera à la

OBSERVATIONS.

principe, et qui resserre ses colonnes sans jamais s'embarrasser du peu de terrein qui peut rester entre elles pour déployer.

Il n'y a donc aucun terme de comparaison entre les manœuvres des deux systêmes, puisqu'elles partent toutes deux d'une base différente, et arrivent à un résultat différent. Ainsi vouloir comparer leur longueur respective, et s'applaudir, comme le fait M. de M.... D....., de ce que son changement de front est plutôt exécuté que le nôtre, c'est se prévaloir de ce qu'on fait une lieue plus vîte qu'on n'en fait deux; c'est se faire illusion ou tâcher de la faire aux autres.

M. de M.... D..... se rabattra à dire que c'est un des avantages de son systême de n'avoir qu'une seule disposition qui lui serve à la fois pour manœuvrer et pour combattre, et de se trouver par conséquent tout formé pour manœuvrer, quand il faut manœuvrer, et tout formé pour combattre, quand la manœuvre est finie; au lieu que nous, partant de l'ordre déployé, nous sommes obligés de nous former en colonne pour manœuvrer, et ensuite, arrivés sur le terrein de la nouvelle position, de nous mettre en bataille pour reprendre l'ordre déployé. Mais, comme je prouverai dans la suite de cet Ouvrage, que l'infanterie est beaucoup plus souvent dans le cas de combattre en ordre déployé qu'en colonnes, et que de-là, et par mille autres raisons, sa disposition primitive et habituelle doit être l'ordre déployé, il en résulte que le prétendu avantage de M. de M.... D..... est nul et purement illusoire; que son ordre

TEXTE.

ligne une grande facilité pour mettre en action toutes les armes, et s'accommodera sans effort de toute espèce de terrein.

OBSERVATIONS.

en colonne ne peut qu'accidentellement lui servir de disposition de combat; et qu'ainsi, lorsque ses manœuvres partent toujours de cet ordre, ou y conduisent toujours, il se place dans des hypothèses fausses, et que les circonstances ne réaliseront presque jamais.

Venons maintenant aux moyens, c'est-à-dire, aux évolutions par lesquelles s'exécutent les changemens de front ou de position de l'ordonnance. On va voir combien leur variété est susceptible de se plier à tous les terreins, à tous les cas, et combien la Tactique moderne est, à cet égard, supérieure à celle de M. de M.... D....

S'il est question d'une armée ou d'un corps au-dessus d'une brigade ou deux brigades, au plus, j'ai établi en principe, et je discuterai dans la grande Tactique les raisons de ce principe, que tous les changemens de front ou de position rentroient alors dans la classe des marches. Bornons-nous donc encore une fois à parler de ceux de quelques bataillons seulement.

Si un seul bataillon doit exécuter un changement de front ou de position, il l'exécute par pelotons, marchant par leurs flancs après avoir rompu, etc. On ne peut nier que, de toutes les manières de porter un bataillon déployé de la position qu'il occupe, à une autre position qu'il doit occuper dans le même ordre, ce ne soit certainement la plus prompte et la plus courte.

Si plusieurs bataillons doivent exécuter un changement de front ou de position, il n'y a alors que le seul bataillon par lequel passe la nouvelle ligne de front, et, si je peux m'exprimer ainsi, le bataillon qui est le foyer

TEXTE.

OBSERVATIONS.

du mouvement, qui change de front par pelotons. Tous les autres se portent en colonne par bataillon, jusques sur le terrein de la nouvelle position; et ce n'est que là qu'ils manœuvrent par pelotons pour s'y placer et s'y former dans l'ordre déployé. Ce changement de front est donc aussi sûr, aussi rassemblé que celui de M. de M..... D....; et on n'y voit pas, comme il le dit, pag. 41, dans la Brochure qu'il a publiée au camp de Bayeux, *cinq cents pelotons se portant sur une ligne découpée*, *marchant par le flanc et coulant derrière les capitaines qui, en même temps, se jalonnent sur les points de vue*, etc. etc. Quand on critique il faut être exact, il faut ne pas exagérer. Or, il n'y a jamais dans les changemens de front de l'ordonnance qu'un seul bataillon qui, pour me servir de l'expression de M. de M.... D....., *se découpe* ainsi par pelotons; tous les autres manœuvrent entiers et en masse jusques sur le terrein de la nouvelle position; et les mouvemens qu'ils font ensuite par pelotons pour entrer dans la ligne, s'y mettre dans les points de vue, et se former en bataille, sont sûrement tout ce qu'il est possible de plus prompt et de plus exact pour occuper une position assujétie à des points donnés.

Voilà une manière d'exécuter les changemens de front; mais l'ordonnance n'exclut point, et elle indique même celle de les exécuter par des déploiemens; manière un peu plus longue sans doute, en ce qu'il faut, après s'être rompu en colonne, serrer en masse, soit en avant ou en arrière, et par conséquent parcourir deux côtés du

TEXTE.

OBSERVATIONS.

quarré ; mais qui peut être avantageuse dans quelques circonstances, parce qu'elle est encore plus rassemblée, plus sûre et plus défensive que la précédente.

Enfin, il reste une manière de changer de position, indiquée aussi par l'ordonnance, qui est plus simple et plus commode que les deux manières ci-dessus, en ce qu'elle est plutôt une marche qu'une évolution : c'est, après avoir rompu pour se mettre en colonne, de diriger la colonne en avant ou en arrière, diagonalement ou perpendiculairement pour arriver à la nouvelle position, s'y allonger et s'y remettre en bataille. Telle est la simplicité et la commodité de ce mouvement, sur-tout partant d'une ligne en bataille pour se reformer en ligne dans une autre position, que par lui on peut se porter et s'établir dans toutes les directions possibles ; et qu'excepté le cas unique où la nouvelle position se trouve exactement parallèle à l'ancienne, et où par conséquent il est plus court et plus avantageux de s'y former par les déploiemens, il n'y a point de manière plus facile et plus avantageuse d'aller occuper toutes les positions qui sont diagonales ou obliques à la position qu'on quitte, et, à plus forte raison, celles qui sont sur son prolongement.

Par ces trois manières qui, quoique conduisant toutes trois au même résultat, ne sont cependant aux yeux du tacticien habile et manœuvrier, nullement *synonymes*, il peut exécuter ses changemens de front ou de position, relativement à toutes les variétés possibles de terreins et de circonstances.

TEXTE.

OBSERVATIONS.

Ainsi, s'il veut, par une manœuvre, changer de front ou de position sur le terrein qu'il occupe, et que l'ennemi soit hors de mesure de pouvoir l'attaquer avant que son mouvement ne soit fini, il pourra, sans inconvénient, employer la première manière, qui est à la fois la plus régulière, la plus courte et la plus certaine pour se mouvoir entre des points donnés.

Si l'ennemi est à portée de lui, qu'il puisse craindre d'être attaqué avant la fin de son mouvement, et que toutefois il soit forcé de changer de front ou de position; il préférera la seconde manière qui, quoique plus longue, est la moins hasardeuse et la moins délicate.

Enfin, s'il a un corps considérable à remuer, si son changement de front ou de position doit le porter loin de son ancienne position; s'il se fait par conséquent dans un grand espace, et rentre par-là dans la classe des marches, il employera la troisième manière, qui est la plus simple et la plus commode.

Tels sont les rapports sous lesquels il faut considérer, étudier et employer les manœuvres de l'ordonnance. J'ai cru que ce commentaire n'étoit pas inutile à son apologie; car, faute d'en avoir bien saisi l'esprit, beaucoup de gens les critiquent, ou, ce qu'il y a de plus fâcheux encore, les exécutent sans les entendre. Je vais terminer cette longue observation par une réflexion qui ne lui est pas étrangère.

M. de M.... D..... met sans cesse en avant dans ses critiques sur les manœuvres de l'ordonnance, que telle manœuvre ne vaut rien, parce qu'elle n'est pas couverte,

TEXTE.

OBSERVATIONS.

telle autre, parce qu'elle désunit les parties d'une troupe, et que dans ces deux cas on ne se trouveroit pas en défense si l'ennemi attaquoit la troupe qui manœuvre pendant qu'elle exécute son mouvement.

Rien n'est plus vague et plus dénué de vérité que cette manière d'analyser et de juger des manœuvres. Qu'il me soit permis d'y opposer ce que j'ai dit à cet égard dans mon Essai général de Tactique. Je n'ai pas la sottise de me citer comme une autorité; je me répète, parce qu'ayant à parler aujourd'hui du même objet, je n'ai rien de mieux à dire.

« Toute évolution sous un feu et sous un feu vif de » l'ennemi, est impossible à tenter avec des troupes qui » ne sont point aguerries, et délicate avec des troupes » qui le sont, sur-tout si l'ennemi est à portée d'arriver » sur elles avant la fin du mouvement.

« Aucune évolution, quelle qu'elle soit, n'est impos» sible et imprudente en présence de l'ennemi, si on » peut l'exécuter avant qu'il puisse la traverser, et si, » ayant de bonnes troupes, on en a un assez grand » nombre de formées pour résister à ses premiers » efforts et couvrir la fin du mouvement.

« C'est de l'espèce de troupes que dépend souvent la » possibilité ou l'impossibilité d'un mouvement. Sont» elles mauvaises ou par défaut de nerf ou par défaut » de discipline, il ne faut attendre d'elles qu'un com» bat plus ou moins mou de pied ferme, ou dans des » postes. Sont-elles braves et manœuvrières, on peut » tenter beaucoup, parce qu'on peut calculer la ma-

TEXTE.

OBSERVATIONS.

» nière dont elles sauront se mouvoir, et quel sera le » résultat de leurs mouvemens.

» Soit l'ennemi à six cents pas de moi, j'oserai me » déployer, changer de position, exécuter telle évolu- » tion que je voudrai, quelque désunie même que puisse » être cette évolution, quand j'aurai supputé que cette » évolution sera finie, et que je serai en état de le » recevoir avant qu'ébranlé dans le premier instant de » mon mouvement pour en profiter, il puisse avoir » parcouru les 600 pas qui nous séparent.

» Il n'y a donc pas d'évolution proprement dangereuse » en elle-même. Tout dépend de la circonstance à la- » quelle on l'applique, et cet à propos consiste dans la » combinaison la plus précise et la plus sûre du temps » qu'on employera à faire son mouvement, par com- » paraison à celui dont l'ennemi aura besoin pour venir » le troubler : combinaison sur laquelle on ne peut être » parfaitement affermi que par l'habitude de remuer » des troupes des deux armes dans toutes sortes de ter- » reins, et sur-tout à la guerre, qui produit bien d'autres » circonstances que les exercices de paix ».

Ces principes s'adoptent, comme on voit, parfaitement à ce que j'ai dit ci-dessus ; et il résulte de leur application à notre ordonnance de manœuvres, que ce qui constitue sa bonté, c'est la variété de ses moyens, la ressource qu'elle offre aux officiers qui sauront en tirer parti, et ce que je regarde enfin, quoi qu'en puisse dire M. de M.... D....., comme le plus grand des avantages, sa susceptibilité de se plier à tous les terreins et à toutes les circonstances.

TEXTE.

Des Feux.

I.

On ne fera jamais en marchant d'autre feu que celui des grenadiers et chasseurs.

II.

Les bataillons déployés ne connoîtront que le feu de files.

* Le réglement entre ici dans le détail de quelques changemens de positions de pieds et de mains qui ne valent la peine ni d'être extraits ni d'être analysés.

Colonne contre la Cavalerie.

* C'est ici enfin la dernière manœuvre du réglement, elle consiste à faire faire front à la colonne, des quatre côtés, en mettant ensuite six pas d'intervalle entre chaque manche.

Le bataillon ainsi arrangé (dit le réglement), s'il est chargé par la cavalerie, fera le feu de colonne employé dans cette seule occasion, et le seul aussi qui se fasse ayant la bayonnette.

Ce feu se fera de front par les premiers tiroirs, ou trois premiers rangs; de la queue par les derniers; de chaque côté par le reste de chaque tranche.

Deux, quatre, ou un nombre quelconque de bataillons, se rangeront de même, toujours formant deux colonnes jumelles.

OBSERVATIONS.

Des Feux.

Je ne ferai point d'observations sur cet article ; M. de M.... D..... y énonce formellement que les bataillons ne feront jamais de feu que derrière un obstacle, ou seulement au moyen de son rideau de grenadiers et chasseurs. M. le Maréchal, en cela comme en beaucoup d'autres points, a paru ne pas vouloir adopter les principes exclusifs de M. de M.... D..... dans toute leur étendue. Car il n'y a point eu de manœuvre où les bataillons n'aient déployé et fait beaucoup de feu, quoiqu'ils n'eussent point d'obstacle devant eux.

On a même vu M. le Maréchal, dans une attaque qu'il conduisoit lui-même le jour du passage de la Seulle, contre l'infanterie de M. le comte de Rochambeau, postée sur les hauteurs de Villiers-le-Sec, arrêter ses colonnes, engager le combat par la mousqueterie, et ne marcher à l'ennemi qu'après l'avoir battu une demi-heure par un feu très-vif. Ce n'étoit plus là le système de M. de M.... D....., c'étoit le vainqueur de Bergen et de Sundershausen pliant ce système à son talent, et menant les troupes avec les principes qui ont fait sa gloire.

Colonne contre la Cavalerie.

Je ne dirai rien de cette manœuvre, celle de l'ordonnance remplit le même objet, et elle est moins compliquée, quoiqu'elle ne soit pas tout-à-fait exempte de ce défaut.

RÉSUMÉ.

Il résulte de l'examen ci-dessus, et ce résultat a été l'opinion presque unanime du camp :

1°. Que la colonne de M. de M.... D....., avec une apparence illusoire de perfection et de simplicité, est mal-adroite, compliquée, massive, favorable au désordre et à l'indiscipline, sujette à mille inconvéniens dans la pratique, et pour tout dire enfin, une véritable pièce de cabinet.

2°. Que sa formation et son développement par le centre, proposés comme méthodes uniques et exclusives, enchaînent, embarrassent, allongent presque tous les mouvemens ; qu'ils sont sur-tout pleins d'inconvéniens, relativement à ce que les troupes doivent faire le plus fréquemment, et avec le plus de facilité, qui est de marcher et de passer promptement de leur disposition de marche à leur disposition de combat.

3°. Que presque toutes les manœuvres de M. de M.... D..... sont dépourvues de simplicité et de vraisemblance ; qu'en voulant toujours revenir à ce principe unique d'agir par le centre qui en est la base, elles arrivent presque toujours à leur but par le chemin le plus long et par les moyens les plus difficiles.

4°. Que ce n'est pas cependant qu'on n'ait beaucoup changé, corrigé, modifié ces manœuvres, qu'on n'y ait adapté, tant qu'on l'a pu, tous les moyens d'exécution de la Tactique Prussienne et de l'ordonnance; mais qu'il n'est résulté de cet amalgame qui devoit, suivant M. de M.... D...., concilier les deux systêmes, qu'un assemblage monstrueux; en sorte qu'aujourd'hui il est difficile de prononcer ce qui est le plus mauvais, des manœuvres de M. de M.... D....., dans leur primitive barbarie, ou dans l'état de prétendue perfection où les ont portées les changemens qu'on leur a fait éprouver.

5°. Que les manœuvres de l'ordonnance ont paru, d'une commune voix, infiniment supérieures, plus simples, plus militaires, plus favorables à l'ordre et à la discipline, plus applicables à toutes espèces de terreins et de circonstances. Il est vrai que M. de M.... D...., dans la Diatribe qu'il a publiée pendant le camp de Bayeux contre l'Ordonnance de 1776, a marqué un profond mépris pour ces esprits bornés qui, parlant toujours de *cas* et de *circonstances*, ne peuvent point s'élever jusqu'aux hautes combinaisons d'une méthode unique et d'un systême exclusif. Il est vrai qu'à l'égard de cette voix presque générale contre ses manœuvres et en faveur des manœuvres de l'Ordonnance, voix qui a été si forte qu'elle n'a pu être étouffée par la profonde vénération qu'on avoit pour M. le Maréchal, et qu'elle s'élevoit des tentes des soldats, M. de M.... D..... avoit eu le don de la prévoir et de réclamer contre elle à l'avance, en imprimant dans une de ses Préfaces (1) *qu'il falloit vingt oppositions pour faire la monnoie d'un suffrage ; que si son systême avoit la dixième partie des voix, ce seroit pluralité, et que s'il en avoit le quart, il le regarderoit comme admis par acclamation.*

On avoit beaucoup mis en avant, et c'étoit un des appâts avec lesquels M. de M.... D..... avoit cherché à se concilier le suffrage des officiers particuliers, que ces manœuvres étoient si simples et si faciles, qu'il n'y avoit point de régiment qui ne les apprît en huit jours. On citoit l'exemple des régimens de Limosin et de la Couronne qui les avoient apprises à Metz dans cet espace de temps. Le fait

(1) Page 8 de l'Avant-Propos du Supplément au Projet de Tactique.

est que la plupart des régimens qui ont campé à Bayeux, s'y sont exercés plus de trois semaines, souvent deux fois par jour, et plusieurs heures chaque fois. Or, trois semaines ainsi employées équivalent au temps qu'un régiment, bien monté et mené sur des principes modernes, sur ceux que prescrit l'Ordonnance, donne à ses exercices pendant toute une année.

On n'avoit pas manqué de mettre en avant par opposition, que l'ordonnance des manœuvres de l'infanterie étoit impraticable pour des régimens qui n'y étoient pas exercés de longue-main, que c'étoit un des principaux vices de la Tactique moderne. Mais un fait contraire, et qui a eu tout le camp de Bayeux pour témoin et pour juge; c'est que les régimens de Médoc et de Bassigny, qui composoient la brigade qui a exécuté les manœuvres de l'ordonnance, n'avoient pas été rassemblés depuis deux ans; qu'ils n'ont commencé à se remettre à la pratique des manœuvres de l'ordonnance, en régiment et en brigade, qu'en même temps que les autres régimens de l'armée ont commencé d'apprendre les manœuvres de M. de M.... D.....; qu'ils ont appris en même temps ces dernières manœuvres; qu'ils avoient ainsi une instruction double, très-propre à les surcharger ; et qu'avec cela, dans les épreuves de comparaison qui ont été faites en présence de M. le Maréchal, ils ont manœuvré avec une célérité, une intelligence, un ensemble au-delà desquels il est peut-être inutile de chercher à atteindre.

Je voudrois que les bornes de cet Ouvrage, déjà peut-être trop chargé de détails, me permissent de rendre compte de la manière supérieure dont M. le comte de Rochambeau, qui commandoit cette brigade, l'a fait manœuvrer devant M. le Maréchal. Il y a fait voir, par l'exposition la plus intelligente de toutes les manœuvres de l'ordonnance, que la Tactique moderne est susceptible de tout, se plie à tout, emploie au besoin des colonnes, et des colonnes plus simples que celles de M. de M.... D....., les combine, les entremêle avec des bataillons déployés, en soutient une ligne, etc. qu'enfin, elle est un instrument facile, qui n'attend pour de plus grands succès que d'être employé par le génie de M. le Maréchal.

SECONDE PARTIE.

Examen du Systême de M. de M..... D.... sous ses rapports fondamentaux, et sous celui des différentes armes.

JUSQUES ici je n'ai combattu le systême de M. de M.... D..... que relativement à ses détails intérieurs, c'est-à-dire, sous le rapport de la Tactique élémentaire, et je crois avoir prouvé qu'il est à cet égard très-inférieur au systême moderne.

Mais c'est en arrivant à la grande Tactique que ces preuves se multiplient et deviennent d'une bien autre importance ; car avoir démontré que l'organisation de la colonne et les manœuvres de M. de M.... D..... sont défectueuses, ce seroit n'avoir rien fait contre son systême, s'il restoit que le fond et les principes sur lesquels il est assis sont bons en eux-mêmes (c'est en effet sur quoi se retranchent aujourd'hui quelques-uns de ses partisans), puisqu'il n'y auroit rien de plus aisé alors que de changer cette organisation et ses manœuvres, et d'en substituer de meilleures : travail dont il se pourroit qu'enfin, après sept ou huit éditions successives, vinssent à bout M. de M.... D..... et ses coopérateurs.

Mon objet va donc être de prouver dans la suite de cet Ouvrage, que le fond et les principes tant fondamentaux que généraux, du systême de M. de M.... D....., sont encore plus défectueux que ses moyens intérieurs; que ce systême est évidemment contraire à tous les grands principes de la guerre; à l'ordre primitif et habituel qu'il convient d'adopter; à l'espèce d'armes en usage aujourd'hui, et dont quelqu'effort que fasse M. de M.... D....., il ne fera pas revenir l'Europe; à l'emploi qu'il faut faire de la cavalerie, et à la Tactique de cette arme qui doit cependant s'amalgamer avec celle de l'infanterie; aux véritables principes de la castramétation; à ceux de la science des positions, des marches et des ordres de bataille; à tout ce qui enfin constitue et compose la stratégique ou la tactique des armées.

Avant de passer à ces importantes discussions, je veux combattre M. de M.... D..... sur un autre point non moins important, en ce qu'il renferme la principale cause qui a déterminé Folard, lui et tous les Tacticiens François (ceux qui professent la Tactique étrangère étant rejetés par eux comme indignes d'en faire partie), à proposer à la Nation le système de profondeur.

CHAPITRE PREMIER.

Le Système de M. de M.... D..... est-il favorable au génie et au caractère de la Nation?

Ce Chapitre va répondre à la fois sous ce rapport à tous les auteurs des différens systêmes donnés sur l'ordre de profondeur, puisqu'ils sont partis du même principe pour arriver au même résultat. Il est juste que toutefois je m'adresse par préférence à M. de M.... D..... Entre tous les Tacticiens qui ont professé l'ordre profond, c'est lui qui n'a cessé de crier d'une voix plus infatigable que c'étoit l'ordre par excellence, l'ordre exclusivement convenable au génie de la nation, et qui, en conséquence, a le plus généreusement renoncé à toute sa nomenclature antique pour nous donner son systême sous le nom d'*Ordre François*.

Voici comment raisonne à cet égard M. de M.... D..... Je vais résumer ici en quelques articles le sens fidèle et quelquefois littéral de ce qu'il a répandu dans plusieurs volumes.

« L'audace, la valeur, l'impétuosité du choc, *la furie du premier moment*, sont ce qui caractérise particulièrement la nation Françoise. Elle est, par ces qualités et sous ces rapports, supérieure à toutes les autres nations : donc le systême de Tactique qui lui convient, doit avoir toujours pour objet d'attaquer.

Il y a deux manières d'attaquer, l'une par le feu, l'autre par le choc. Les étrangers nous sont supérieurs pour l'action de feu, parce qu'elle exige plus de sang-froid, plus de flegme, plus de discipline; et ils nous sont inférieurs pour l'action de choc, parce qu'ils n'ont ni le mouvement, ni l'impulsion, ni la hardiesse qui nous distinguent: donc il faut toujours attaquer par le choc, et jamais par le feu.

Quelqu'effort qu'on fasse, les troupes Françoises ne parviendront jamais, et ne sont pas même faites pour parvenir au même point de discipline et d'ordre que les troupes étrangères. Notre légèreté, notre constitution, nos moeurs, tout s'y refuse. On ne peut même y prétendre qu'en abâtardissant le génie de la nation, en éteignant sa gaîté, en refroidissant son courage, en rendant, en un mot, *les soldats des machines, et les officiers des automates* : donc il faut abandonner aux étrangers une Tactique qu'on a mal-à-propos empruntée d'eux, et s'en faire une *nationale*. L'ordre en plésions, ou autrement dit, en colonnes, voilà ce qui nous convient; par cet ordre *les têtes s'électrisent*, les courages s'allument, le vieux soldat, l'homme de recrue, le lâche même, sont également entraînés; *malheur aux flegmatiques bataillons qui tomberont sous la main des fanatiques plésions* (1)! Pour enseigner cette Tactique nouvelle à toute une armée, à peine faut-il quelques semaines : la plupart des régimens qui ont campé à Bayeux ne l'ont pas étudiée plus long-temps; plusieurs même n'ont pu s'y exercer que quinze jours, et ces derniers ont été aussi avancés que les autres. Tous ces minces détails, toutes ces recherches, ces minuties de perfection de la Tactique Prussienne, s'évanouissent dans un ordre où, pour vaincre, il n'est question que de marcher à l'ennemi et de le joindre ».

On ne peut être plus complétement opposé que je le suis à une partie des assertions ci-dessus, et à tous les résultats qu'en tire M. de M.... D.....

Ce n'est assurément pas la valeur et l'audace Françoise que je suis tenté de lui contester; mais sans être mauvais citoyen, ne puis-je pas

(1) Supplément au Projet du Tactique.

lui représenter, que c'est peut-être bien mal servir sa nation, que d'aller sans cesse l'exaltant ainsi outre mesure, et déprimant les autres peuples ; que de pareils propos sont bons à tenir, encore sobrement, sans quoi ils manquent leur but, quand on parle aux troupes ; mais que dans le calme de la réflexion et dans le silence du cabinet, quand il s'agit d'éclairer les esprits et non d'échauffer les têtes ; quand on veut se rendre législateur et fonder sa nouvelle législation sur le génie et le caractère d'une nation, il faut écarter les préjugés et consulter les faits.

Qu'en étudiant l'histoire, on y voit donc malheureusement beaucoup d'événemens qui rabattent un peu ces fumées de vanité nationale ; que les troupes Françoises ont sans doute par devers elles beaucoup de traits d'audace et de courage, mais que ces qualités ne sont pas exclusivement leur partage ; que chaque nation a aussi, plus ou moins, des époques glorieuses à citer ; que si nous avons pour nous Mahon, Berg-op-zoom, les Russes ont Ocsakof, Bender ; les Autrichiens, Schweidnitz ; les Anglois, la Havanne, etc. ; que, sans parler de ces journées mémorables, où notre indiscipline et notre chevaleresque ignorance se sont brisées contre le flegme étranger, telles que Crécy, Poitiers,

Azincourt, exemples qui laisseroient à répondre à M. de M.... D..... qu'ils ne prouvent rien en faveur des étrangers, puisqu'ils y étoient sur la défensive, qu'il prétend être exclusivement leur genre; il y a vingt occasions où ces mêmes étrangers nous ont battus *à la Françoise*, c'est-à-dire, en attaquant; qu'ils nous battirent ainsi entr'autres à Hochstett et à Turin; qu'à Turin nommément, ce furent 6000 Prussiens commandés par Anhalt, qui emportèrent nos retranchemens l'épée à la main, et qui commencèrent là leur réputation; qu'à Minden, ces dix bataillons Anglois et Hanovriens qui vinrent *en ligne*, et non *en colonne*, se présenter dans une plaine à la vue de 72 escadrons de notre cavalerie, dont ils essuyèrent et repoussèrent successivement tous les efforts, ne manquoient certainement ni d'audace, ni de courage, etc. etc. Je cite avec amertume ces douloureuses époques; mais il ne s'agit pas ici de se faire illusion; il s'agit de chercher la vérité, et de modifier des assertions exagérées et dangereuses par les conséquences qu'on en veut tirer.

Ce que j'ai vu, sur-tout dans l'histoire, dont il faut faire sa boussole quand on veut parler du génie et du caractère des Nations; c'est que si la nation Françoise est plus qu'aucune autre capable d'un premier effort, aucune ne se rebute plus aisément, aucune ne se communique plus promptement ses impressions en tout genre; et qu'ainsi, comme un mot d'énergie, un exemple de courage, un grand homme en font dans un instant une armée de Héros, de même, et avec la même rapidité, un mot de découragement, un exemple de lâcheté, un chef sans talent, jettent la même armée dans l'abattement.

Ce que j'ai vu encore dans l'histoire, c'est qu'aucune nation n'a perdu autant de batailles par l'indiscipline, et n'en a perdu de plus complettes; que dans presque toutes ces batailles perdues, notre audace, notre premier mouvement, ont toujours commencé par nous donner l'avantage, et qu'ensuite cet avantage nous est échappé par défaut d'ordre et de manoeuvres.

De tous ces faits, je tire les réflexions et les conséquences suivantes:

Qu'il est beaucoup moins nécessaire de donner à une nation un ordre qui favorise les avantages de son caractère, que de lui donner un ordre qui contrebalance ses défauts; sur-tout quand les malheurs qui lui sont arrivés par ces défauts ont été plus fréquens et plus décisifs que les succès qu'elle a eus par ses prétendus avantages.

Qu'en consultant donc le génie des nations, et en admettant que le François fût né pour l'offensive, et que les nations étrangères ne fussent propres qu'à la défensive; ce seroit donc ces dernières, et non la nôtre, qui devroient adopter un ordre qui leur donneroit les qualités qui leur manquent : que tel étoit le principe des anciens dans leur législation militaire, et qu'on en trouve la trace dans les détails en apparence les plus indifférens de leur Tactique. Qu'ainsi, par exemple, les Spartiates étant naturellement impétueux, leurs généraux avoient soin de les faire marcher à l'ennemi au son de la flûte plutôt qu'au bruit éclatant de la trompette; afin (dit Thucydide) de suspendre le courage trop bouillant des jeunes Spartiates, et les obliger à garder leurs rangs.

Qu'il est illusoire au surplus de penser qu'il y ait un ordre qui donne la valeur et l'audace; que ces qualités sont passagères, momentanées, et appartiennent à toutes les nations quand elles sont aguerries, et sur-tout bien commandées; que ces qualités tiennent même quelquefois à des circonstances, des incidens, des causes, dont on ne peut rendre compte; en sorte que les meilleures troupes ont quelquefois des jours malheureux, et que les plus mauvaises ont de même quelquefois des momens de courage et d'énergie ; en sorte enfin que les mêmes troupes, les mêmes nations, éprouvent ces alternatives. Témoins les François d'Hochstett, ou ceux de Steinkerque ; les Moscovites de Narva ou ceux de Pultava ; les Turcs du temps de Soliman et de Bajazet, ou ceux de Choczim et de Bender, etc. etc.

Que si la valeur et l'audace ne sont pas des qualités permanentes, et sur-tout dépendantes de la condition d'être en colonne plutôt qu'en bataillon ; il est en revanche bien démontré que la Tactique moderne est plus favorable à la discipline que celle que veut y substituer M. de M.... D..... ; que la colonne, et sur-tout la sienne, est plus sujette à flottement et à tumulte qu'un bataillon ; que le soldat y est moins sous la main et sous l'œil de l'officier ; que toutes les impressions qui peuvent résulter de l'indiscipline, de l'effroi, du désordre, se communiquent plutôt à une troupe d'hommes en masse qu'en ligne, et que leur mauvais effet s'y répare plus lentement et plus difficilement, etc. etc. Je ne veux pas répéter ici ce que j'ai déjà dit, ou anticiper sur ce qui trouvera plus naturellement sa place ailleurs.

Que ces inconvéniens déjà sensibles par rapport à une masse seule, le deviendront bien davantage encore dans une armée composée d'un grand nombre de masses pareilles; que si malheureusement, contre l'assurance infaillible de victoire que leur donne M. de M.... D....., quelques-unes d'elles sont battues, le trouble et la confusion s'étendront bientôt jusqu'aux autres; que réduites alors à se défendre au lieu d'attaquer, écrasées par l'artillerie ennemie, embrassées par leurs flancs, n'ayant pas même dans leur ordre primitif les intervalles nécessaires pour se déployer, les ayant à plus forte raison bien moins dans le cours d'une action, ou, ce qui seroit peut-être un danger plus grand, en ayant de trop considérables, elles ne formeront plus, ou qu'un vaste amas d'hommes, ou que des corps éparpillés et sans soutien, dans les deux cas à la merci des vainqueurs.

Les bataillons, dira M. de M.... D....., *ces longues lignes serpentantes, ces rubans qui s'effilent*, joueront-ils un plus beau rôle s'ils sont percés? Non, sans doute, une ligne de bataillons; encore les parties éloignées auront-elles le temps de se replier et de prendre des positions. Mais ce n'est pas ainsi qu'il faut se représenter l'ordre de bataille d'une armée dans nos principes. Elle aura une seconde ligne, des réserves, des intervalles en tout sens, des points d'appui : son extension même la préservera d'une déroute complette. Jamais elle n'est engagée de tout son front, jamais on ne peut embrasser à la fois les deux ailes; d'un côté ou d'un autre il lui reste toujours des ressources, des points de retraite, et, au pis-aller, de grands débris qui, se recueillant, se réparant, se grossissant dans de bonnes positions, deviennent des armées nouvelles.

Qu'avec le caractère et le génie de la nation, ce qu'il faut donc craindre par-dessus tout, c'est une Tactique qui favorise nos défauts naturels au lieu de les contrebalancer, et qui nous expose à ne perdre que des batailles ruineuses et complettes. Cette dernière considération est importante; car gagner une bataille n'est trop souvent pour nous que le vain honneur du triomphe : la perdre nous fait évacuer des provinces et peut ébranler le royaume.

On ne s'y méprendra point, je l'espère. Je n'ai pas fait ce chapitre pour dire à ma Nation des vérités dures. Ah! si de M. de M.... D.... ou de moi, quelqu'un l'aime et l'aime utilement, c'est sans doute celui qui ne ménage rien pour tâcher d'empêcher qu'on ne fascine ses yeux, qu'on ne l'enivre de chimères, et qu'en la louant avec exagération on ne la précipite dans une méprise qui pourroit amener de grands malheurs.

CHAPITRE II.

L'ordre profond, et particulièrement l'espèce d'ordre profond, proposé par M. de M.... D....., peut-il et doit-il être l'ordre primitif et habituel, par préférence à l'ordre déployé ?

La solution de cette question étoit peut-être la seule réponse qu'il falloit faire au systême de M. de M.... D....., puisqu'en en prouvant la négative, on fait écrouler tout son systême. Mais c'est une réfutation complette que j'ai promise; et M. de M.... D..... ne manqueroit pas de prendre acte de ce que je ne lui réponds pas sous tous les rapports. D'ailleurs, de ce que cette seule démonstration que je me suis faite il y a long-temps m'a suffi pour juger ce systême, en sorte que toutes les autres preuves n'ont fait que venir à l'appui de mon opinion, il ne s'ensuit pas que mes lecteurs doivent être également persuadés. On pourroit dire que j'ai jugé légèrement; on pourroit croire que j'y ai mis de la prévention : je dois donc au public, devenu à son tour mon juge, un compte exact de ce systême envisagé dans toutes ses branches. Je suis obligé de tout dire, de tout exposer, et enfin de discuter ce qui m'est démontré, comme si j'en doutois encore.

Dans les observations que j'ai faites sur les détails intérieurs du systême de M. de M.... D....., je n'ai pu qu'ébaucher cette question, parce qu'elle tient essentiellement aux grandes parties de la Tactique dont il n'étoit pas encore temps de parler.

Je mets ici en problême si l'ordre profond, et particulièrement l'espèce d'ordre profond, proposé par M. de M.... D....., peut et doit être l'ordre primitif et habituel par préférence à celui que nous suivons.

Pour aller pied à pied, commençons par définir. Il est des questions où les définitions posent des principes, et deviennent par conséquent des bases.

L'ordre *habituel* et *primitif* d'une troupe, est l'ordre dans lequel une troupe se forme habituellement et primitivement, abstraction faite de toutes circonstances locales ou accidentelles.

Cet ordre doit être celui dans lequel une troupe, par la nature de ses armes ou des circonstances, est le plus fréquemment dans le cas de se ranger.

Il doit être calculé d'abord sur l'espèce des

armes qui lui seront opposées, et ensuite sur les diverses circonstances auxquelles elle pourra se trouver forcée de faire face.

Il doit dériver de l'organisation primitive de cette troupe, et la conserver dans toute son intégrité.

Il doit être le plus simple et le moins compliqué qu'il est possible, afin qu'il puisse se prendre avec la plus grande promptitude; et que le soldat, de jour ou de nuit, dans le tumulte d'une action, et même dans l'*effarement* d'une défaite, y puisse facilement retrouver son rang et sa file.

Il doit être à la fois propre à l'attaque et à la défense; mais il doit l'être particulièrement et par-dessus tout à la défense, parce que l'état de défense est l'état primitif, et que celui d'attaque ne peut jamais être qu'accidentel. Cet important principe par lequel, sur-tout, je crois que je résoudrai la question, a besoin d'être développé, et il le sera en son lieu.

Il ne doit jamais ni contrarier ni gêner les évolutions et manœuvres de la Tactique élémentaire, qui doivent toutes partir de lui et revenir à lui.

Il doit à plus forte raison remplir les vues de la grande Tactique sous tous ses rapports. Enfin, de grandes parties de la guerre, en apparence, étrangères à la Tactique, telles que les campemens, les positions, les subsistances, tiennent essentiellement à lui, et il influe directement sur elles.

On dira que je vois tout dans cet ordre primitif et habituel; mais c'est que tout y est en effet; ou, pour parler plus juste, tout en dérive : il est le premier anneau de la chaîne et la base de toute la Tactique.

Il ne s'agit donc pas ici, comme le croient beaucoup de gens qui ne font qu'effleurer la question, d'une simple dispute de mots, et des vains honneurs du pas entre l'ordre profond et l'ordre déployé. Par le changement qui feroit de l'ordre déployé l'ordre accidentel, et de l'ordre profond l'ordre primitif et habituel, tout le systême militaire moderne seroit bouleversé ; et il faudroit combattre, marcher, camper, subsister, faire la guerre enfin sur des principes absolument différens.

L'idée de ce bouleversement absolu ne me paroîtroit pas une raison pour rejeter le systême de M. de M.... D...., s'il étoit démontré qu'il fût plus avantageux que le nôtre. En fait d'objets d'une importance aussi majeure, ce ne sont pas les changemens qui doivent arrêter; et en fait de changemens, j'en serai toujours pour n'en pas faire de partiels et de modifiés, et quand on admet un système évidemment bon, pour l'établir dans toutes ses branches ; mais j'espère prouver par cet ouvrage, que, dans le système de M. de M.... D....., principes, moyens, conséquences, tout est faux, défectueux et funeste.

L'ordre déployé réunit toutes les conditions que j'ai exposé ci-dessus devoir être les propriétés et les attributs de *l'ordre primitif et habituel.* L'ordre profond au contraire, substitué au même usage, n'en rempliroit aucune ; c'est ce qu'il est question de démontrer.

PREMIÈRE DÉMONSTRATION.

L'ordre déployé est analogue aux armes en usage aujourd'hui. L'ordre profond leur est absolument contraire.

POUR développer cette démonstration, il faut nécessairement s'engager dans une courte discussion sur l'espèce de nos armes. Cette discussion répandra du jour sur d'autres articles auxquels elle a rapport.

On paroît d'accord aujourd'hui sur la supériorité qu'ont nos armes à feu, comme armes de jet, sur toutes les machines ou armes de jet des anciens. Folard, dans son délire en faveur de l'antiquité, n'avoit jamais osé réclamer cette supériorité pour les javelots, flèches, dards, ou autres armes lancées à la main ; mais il avoit prétendu établir formellement celle des machines, telles que catapultes et balistes, sur notre artillerie. Il avoit fait sur cela beaucoup d'épreuves en petit, dont il donnoit le résultat comme positif. Cette prétention paroît avoir été abandonnée par ses sectateurs. Du moins M. de M.... D..... a-t-il éludé de traiter cet objet, et s'est-il contenté d'essayer de prouver que l'effet de l'artillerie étoit beaucoup plus à craindre pour le bataillon que pour la colonne.

S'il est démontré que nos armes de jet sont supérieures à celles des anciens, il faut convenir aussi que les anciens avoient, pour le choc, des armes supérieures à nous. Les Grecs avoient la pique ; et les Romains avec le *pilum* et l'épée, étoient bien plus redoutables encore. Le soldat légionaire, armé de son épée dans la main droite, et couvert de son bouclier qu'il tenoit dans la main gauche, pouvoit s'abandonner à la course, et frapper dans la mêlée. La pique et le fusil ont au lieu de cela, pour le choc, un désavantage ; c'est qu'il faut les tenir à deux mains, et que de-là le corps est nécessairement effacé et dans une attitude contraire à la rapidité de la marche.

Supérieur sans aucun doute comme arme de jet, mais peut-être inférieur, quoiqu'armé de sa bayonnette, comme arme de choc, le fusil armé de cette même bayonnette, a l'avantage de réunir dans une seule arme la propriété du jet et celle du choc, quoiqu'il possède la seconde moins parfaitement que la première. A ce double titre il a donc dû obtenir la préférence; et il est sans contredit l'arme la plus redoutable qui ait jamais existé.

Les anciens avoient des armes défensives qui les garantissoient de l'effet de la plupart de leurs armes de jet. Nous, au contraire, nous avons été forcés d'abandonner les armes défensives par l'inutilité dont elles seroient si elles étoient légères, et par l'impossibilité de les porter si elles étoient à l'épreuve de la mousqueterie seulement. De cette différence essentielle dans la manière d'être armés, il résulte nécessairement que les anciens devoient compter les armes de jet pour peu de chose dans l'attaque et dans la défense, et que nous devons, au lieu de cela, compter les nôtres pour beaucoup.

L'action de choc étant donc, par la nature des armes des anciens, leur action principale, et leurs armes défensives les mettant à l'abri de l'effet des armes de jet, il s'ensuivoit que chez eux l'attaquant auroit eu tout l'avantage si l'ennemi avoit pris le parti de l'attendre, et qu'en conséquence pour conserver réciproquement tout l'effet de leurs armes, l'attaquant et l'attaqué combattoient de la même manière, qui étoit par le choc et en s'abordant.

Aujourd'hui l'attaquant n'a d'autre moyen pris dans la nature de ses armes contre les armes de jet qu'on peut lui opposer, que celui de faire usage des siennes; et ces mêmes armes entre ses mains perdent la plus grande partie de leur effet par l'impossibilité de marcher et de tirer à la fois, ces deux opérations ne pouvant avoir lieu qu'aux dépens l'une de l'autre. Dans les mains de l'attaqué, au contraire, les armes de jet acquièrent, par l'état d'immobilité et de défensive par conséquent, le plus grand effet qu'elles puissent avoir. Il en résulte qu'une grande partie des avantages qui se trouvoient anciennement du côté de l'attaquant, sont aujourd'hui passés du côté de l'attaqué.

Ainsi les anciens étoient fondés en raisons et en principes quand ils avoient pris l'ordre profond pour ordre primitif et habituel. C'étoit celui qui étoit favorable à l'espèce de leurs armes; c'étoit celui qui étoit analogue à la seule espèce d'action à laquelle ils attachoient de l'importance.

Ainsi, dans le seizième et dans le dix-septième siècle, on eut encore raison de se former sur six et sur huit de profondeur; parce que les armes à feu, et sur-tout la manière de s'en servir, n'étoient pas perfectionnées comme elles le sont aujourd'hui; parce qu'une partie des bataillons étoit encore armée de piques et de pertuisanes, et qu'on devoit par conséquent tenir alors aux idées de choc. Il est cependant bon d'observer, et l'on peut consulter sur cela tous les mémoires contemporains, que malgré cet ordre de profondeur on alloit rarement à la charge. Le peu de mauvaise et de maladroite mousqueterie qu'il y avoit alors, rendoit déjà l'action de feu prédominante et presqu'habituelle : très-rarement on baissoit les piques. C'est que les Tacticiens ont beau faire; ils ont beau vouloir prescrire des loix à leur guise ; l'instinct et le premier mouvement l'emporteront toujours. Or, il est dans l'un et dans l'autre de rendre à son ennemi, du plus loin qu'on peut, le mal qu'on en reçoit, et de croire bien ou mal-à-propos que le danger augmente, en approchant du lieu d'où partent les coups.

Ainsi, depuis que les troupes n'ont plus que

des armes à feu, depuis que la perfection de ces armes et notre adresse à nous en servir ont fait de grands progrès, quoique sur ce dernier point nous soyons encore loin du but; depuis que l'artillerie, dont je n'avois pas encore parlé, est devenue si nombreuse, si adroite et si mobile, on a raisonnablement et conséquemment agi en prenant pour ordre primitif et habituel, l'ordre sur trois rangs, parce que c'est celui qui est le plus analogue à l'espèce de nos armes.

En se mettant sur trois rangs, on a pris en effet un juste milieu entre la trop grande densité et la trop grande foiblesse; on a suffisamment de consistance pour marcher avec légèreté et avec ordre, on met toutes ses forces en action, on n'expose aux coups de l'ennemi que des individus qui peuvent agir et lui rendre du feu à leur tour; on n'offre enfin à son artillerie que la prise absolument indispensable.

Ce seroit peut-être ici la place de discuter cette étrange assertion de M. de M.... D...., que le feu de l'artillerie n'est pas plus redoutable pour l'ordre profond que pour l'ordre déployé; mais destinant un chapitre particulier à l'examen de son systême, considéré relativement à l'artillerie, j'y renvoie cette discussion.

SECONDE DÉMONSTRATION.

L'ordre déployé est celui dans lequel l'infanterie est le plus souvent dans le cas de se ranger.

On vient de voir que l'ordre déployé dérive nécessairement de la nature de nos armes, et est celui qui leur est le plus analogue; il s'agit de prouver ici que cet ordre est celui que l'infanterie est le plus fréquemment obligée de prendre.

La nature de nos armes en faisant, ainsi que nous l'avons vu par la démonstration précédente, passer du côté de l'attaqué tous les avantages qui étoient anciennement du côté de l'attaquant, a occasionné par-là un autre changement qui est bien important à développer.

Autrefois l'infanterie, mettant toute sa force dans le choc, non-seulement ne cherchoit pas les pays coupés et les positions avantageuses; mais elle les évitoit même, comme des obstacles qui l'auroient privée de son principal avantage. De-là on voit que, dans les récits des batailles des anciens, il n'est presque jamais fait mention d'aucun détail topographique; ce sont toujours des armées en plaine rase. La profondeur, et par conséquent le raccourcissement de leur ordre, leur permettoit de trouver presque par-tout des champs de bataille nus et ouverts. Tel étoit si bien à cet égard le systême des Romains, que quand Annibal pénètre en Italie, ce n'est ni dans les montagnes, ni dans les pays difficiles qui sont à leur débouché, qu'ils vont l'attendre; c'est dans les plaines de la Trébie, du Tessin, de Cannes, qu'ils perdent successivement des batailles; et dans ces plaines ce ne sont pas même les rivières qu'ils cherchent à défendre. Les anciens se fortifioient cependant, nous objectera-t-on; jamais ils ne campoient sans s'enfermer de retranchemens. Oui sans doute; mais ces retranchemens, c'étoit pour s'y mettre à l'abri des surprises, pour y mettre en dépôt leurs subsistances, quelquefois pour refuser de combattre, ou pour s'y réfugier en cas de malheur. Mais vouloient-ils tenter le sort des armes, ils ne manquoient jamais d'en sortir, et c'étoit la plaine qu'ils alloient chercher.

Aujourd'hui, au contraire, l'infanterie ayant, par la nature de ses armes, plus d'avantage à défendre qu'à attaquer, cherche les postes et évite les plaines. Elle n'est même presque jamais dans le cas de combattre dans un pays ouvert ; car si elle est supérieure à l'ennemi, ou l'ennemi le lui abandonne pour aller l'attendre dans une position couverte, ou il s'y retranche ; ce qui fait rentrer alors sa position dans la nature des positions défensives. Si elle lui est inférieure, elle agit de même à son tour.

Maintenant si l'on réfléchit que presque tout devient poste pour l'infanterie au moyen du prodigieux feu par lequel elle peut le défendre; qu'un village, un bois, un ravin, un fossé, une hauteur, un simple commandement garni d'artillerie, suffisent pour la mettre en état de résister à un ennemi supérieur ; qu'il n'est pas besoin que ces obstacles règnent sur tout le front d'une armée, mais seulement sur quelques points de ce front, qui forment alors les contre-forts, ou les parties saillantes de la position, et qui obligent l'ennemi de les emporter avant d'aller au-delà ; si l'on veut ensuite consulter l'histoire de toutes les guerres modernes, et observer que, depuis un siècle, sur cent combats d'infanterie il y en a eu quatre-vingt-dix au moins qui se sont donnés dans des postes ou dans des positions avantageuses ; on conviendra que l'ordre déployé est celui dont l'infanterie a été jusqu'à présent dans le cas de faire le plus souvent usage. M. de

M.... D..... se flatte que sa Tactique opérera une révolution à cet égard; c'est ce dont nous discuterons la possibilité en examinant son système relativement aux positions et aux grandes opérations de guerre.

TROISIÈME DÉMONSTRATION.

L'ordre déployé est la formation la plus simple et la plus facile. Celui de M. de M.... D..... réunit tous les inconvéniens opposés.

L'ORDRE déployé de nos bataillons est, dans la formation, tout ce qu'il est possible de plus simple et de moins composé. C'est une organisation facile, qui de la droite à la gauche divise le bataillon en deux demi-rangs, quatre divisions, huit pelotons, lesquels pelotons sont séparés en deux sections. Jamais cette formation ne varie; elle s'adapte des bataillons au régiment, quel que soit le nombre des bataillons qui le compose; des régimens à la brigade, quel que soit le nombre des régimens; de la brigade à la division, quel que soit le nombre des brigades.

De l'ordre déployé qui, dans le systême moderne, est l'ordre primitif et habituel, veut-on passer à l'ordre en colonne, qui est notre ordre accidentel ? Les compagnies, ou les fractions de la colonne, telles qu'elles soient, ont toujours devant ou derrière elles les troupes qui étoient à leur droite ou à leur gauche dans l'ordre primitif. Ainsi, point de difficulté pour se rallier si l'on est rompu, point d'embarras pour se mettre à sa place ou à son rang s'il faut prendre les armes à l'improviste, soit de jour, soit de nuit. Un soldat retrouve toujours promptement son rang et sa file quand on n'est formé que sur trois de hauteur ; il est bien mieux sous la main et sous l'œil de ses officiers et bas-officiers : il ne peut ni se négliger, ni parler, ni remuer sans être apperçu.

M. de M.... D..... prétendra-t-il que sa colonne, qui est l'ordre primitif et habituel de son systême, soit d'une formation aussi simple et aussi facile que celle du bataillon déployé ?

Prétendra-t-il que cette complication de divisions et de subdivisions, qu'il regarde cependant comme un chef-d'œuvre d'organisation, ces sections parallèles et perpendiculaires, cette nomenclature qui ne finit plus, ces variétés de formation et de place qu'il faut observer, selon qu'on se trouve être ou grenadier, ou chasseur, ou fusilier de telle ou telle manche, de telle ou telle tranche, de tel ou tel tiroir, ces diverses distances, toutes d'un nombre de pas comptés, toutes entraînant des définitions et des dénominations différentes, enfin tout cet amas de distinctions, de noms et de préceptes, soit comparable à la simplicité vraiment militaire de l'organisation du bataillon ?

Prétendra-t-il que ce ne soit pas un grand inconvénient que ce changement de formation et de place des bataillons dans les régimens, des régimens dans les brigades, des brigades dans les divisions, suivant leur nombre; en sorte que suivant les variations que ce nombre éprouvera, variations qui arrivent sans cesse à la guerre par les détachemens qu'on est obligé de faire, il faut que les bataillons, les régimens, les brigades changent sans cesse de place et de formation ? Je n'ai besoin que de rappeler ici ces inconvéniens; je les ai détaillés en rendant compte du systême de M. de M.... D....., tel qu'il a été exécuté au camp de Bayeux.

Prétendra-t-il que ce ne soit pas un grand vice de sa formation de ne pouvoir passer de l'état de colonne à celui de bataillon déployé, c'est-à-dire, de son ordre primitif et habituel, à ce qu'il ne veut regarder que comme ordre accidentel, et qui sera cependant malgré lui celui dans lequel il combattra le plus fréquemment, sans bouleverser sa formation; les compagnies qui, dans sa colonne, se trouvent l'une à côté de l'autre, se séparant par le déployement pour ne plus se rejoindre que quand le bataillon se reformera en colonne; ce qui est contraire à ce principe fondamental, si sagement observé dans le systême actuel, que la formation ne varie jamais, soit que le bataillon se forme en ordre déployé ou en colonne, et qu'ainsi les compagnies, divisions, pelotons ou sections soient toujours dans la colonne, précédés ou suivis des mêmes troupes qui sont à leur droite ou à leur gauche dans l'ordre déployé ?

Les défauts que je viens de rappeler ci-dessus, appartenant particulièrement à la formation centrale de M. de M.... D...., pourroient ne rien prouver encore contre le systême de profondeur, parce que M. de M.... D..... pouvoit sûrement employer de meilleurs moyens. Mais il reste des inconvéniens décisifs qui appartiennent à la fois à la formation de M. de M.... D....., et à l'ordre profond en général, quelle que soit la formation qu'il adopte. Tels sont ceux, d'être de la plus grande incommodité quand il faut prendre les armes, soit de jour, soit de nuit, à la tête du camp; de pouvoir être quelquefois difficile à prendre dans des terreins resserrés; d'être toujours plus lent à prendre que l'ordre déployé; de ne pouvoir, avec facilité, y maintenir l'ordre et le silence; de ne point être aisément susceptible de ralliement après une défaite et dans le tumulte d'une action; inconvéniens qui, eux seuls, rendent impraticable que l'ordre profond puisse jamais être l'ordre primitif et habituel.

QUATRIEME DÉMONSTRATION.

L'ordre déployé doit être l'ordre habituel, parce qu'il est à la fois propre à l'attaque et à la défense, et qu'il l'est particulièrement et principalement à la défense, qui doit être l'état primitif d'une Troupe, tandis que l'état d'attaque ne peut être qu'accidentel.

J'ai montré, dans les articles précédens, comment par la nature de nos armes et par l'influence continuelle qu'ont aujourd'hui dans les combats d'infanterie, les appuis qui naissent tant du terrein, que des retranchemens et de l'artillerie, l'action de feu, qui est l'action défensive de l'infanterie, devenoit l'action principale et la plus fréquente; et comment par conséquent il s'ensuivoit que la disposition défensive devenoit nécessairement aujourd'hui la disposition primitive et habituelle. Ce que je vais dire ci-après, accumulera de nouvelles preuves en faveur de cette opinion.

Il en est en grand de la guerre comme en petit de l'escrime. Avant de porter un coup il faut être en garde; avant de penser à attaquer il faut songer à se défendre. On sait quand on veut attaquer, mais on ignore quand on sera attaqué. Tous les jours on peut l'être, tous les jours on occupe une position, on est tranquille dans un camp; et l'état de repos doit être en même temps un état défensif. L'ordre défensif doit donc être l'ordre primitif et habituel; il doit servir de base; c'est de lui qu'il faut partir pour agir et pour attaquer. Quand l'ordre déployé ne seroit donc pas l'ordre dans lequel on voudroit attaquer, il n'en faudroit pas moins qu'il fût l'ordre primitif et habituel. Mais encore une fois, je suis loin de convenir qu'il faille l'exclure comme ordre d'attaque; c'est ce que je serai dans le cas de discuter dans le chapitre suivant.

Voyons maintenant, pour terminer cette démonstration, si dans aucun temps la colonne de M. de M.... D..... peut avoir la prétention d'être considérée comme ordre défensif.

Ce ne sera pas par le feu que M. de M.... D..... avancera qu'elle peut être défensive. Cette opinion qu'il avoit établie dans son Traité des Plésions, et à l'appui de laquelle il avoit imaginé tous ces étranges feux de *tranches*, de *manchettes*, de *scie*, de *tenaille*, a depuis été formellement abandonnée par lui dans ses ouvrages postérieurs. Il y a posé en principe que la colonne ne devoit jamais tirer, et qu'elle passeroit à l'ordre déployé toutes les fois qu'il faudroit combattre par la mousqueterie.

Mais, dira M. de M.... D....., et en cela il ne fera que répéter ce qu'il a avancé dans son Traité des Plésions, une colonne est véritablement et par excellence l'ordre défensif; car elle est en force par-tout, elle n'a pas de flancs, et ne peut être attaquée avec avantage d'aucun côté; mais, ajoutera-t-il encore, elle attaquera l'ennemi dès qu'elle le verra venir à elle. Y a-t-il de meilleure et de plus sûre manière de défendre, qu'en attaquant soi-même ? Et puis, à l'appui de ces argumens, il mettra l'invincibilité de sa colonne, la certitude qu'elle a de battre par-tout, même à force inférieure, et toutes les autres merveilleuses propriétés qu'il lui attribue.

Eh! vraiment, il s'agit bien d'être en force sur ses derrières et sur ses flancs, c'est-à-dire, où l'on ne sera pas attaqué! Il s'agit de l'être sur son front pour pouvoir garnir et défendre la position qu'on occupe. M. de M.... D....., en appuyant sur cette propriété qu'a la colonne d'être au besoin un ordre à quatre fronts, semble toujours supposer l'infanterie isolée et sans points d'appui; mais, ainsi que nous lui avons déjà objecté, et que nous l'objecterons encore, au risque de nous répéter, presque jamais de l'infanterie ne se trouve dans cette situation, à moins qu'elle ne soit mal-adroitement commandée, ou qu'elle n'ait été dépostée.

Répondons à la seconde objection. Toute infanterie qui est sur la défensive, occupant ordinairement une position avantageuse, ou par la nature du terrein, ou par les obstacles que l'art y ajoute, ou par le concours des autres armes, ne quittera point cette position pour attaquer l'ennemi. La garnir et la défendre, voilà l'objet qu'elle doit remplir, et c'est par l'ordre déployé qu'elle le remplit.

De ce que l'ordre déployé est ainsi habituellement l'ordre défensif, il ne s'ensuit pas qu'on doive toujours, et en toute occasion, déployer ses troupes sur la position qu'on veut défendre, et que ce ne soit jamais que par des troupes déployées qu'il faille la défendre. C'est-là où le système moderne ne se montre point exclusif. C'est-là où le talent et les circonstances peuvent modifier le principe général. Mais n'anticipons point ici sur des exceptions qui trouveront leur place dans la suite de cet Ouvrage. C'est le principe général que nous avons voulu discuter dans ce chapitre, et nous croyons l'avoir démonstrativement établi.

Il nous restera encore de nouvelles preuves à fournir, pour déterminer la préférence qu'il convient de donner à l'ordre déployé comme ordre primitif et habituel, quand nous examinerons la connexion que cet ordre a essentiellement avec toutes les grandes parties de la guerre, avec les ordres de marche et de bataille, avec la castramétation, avec la science des positions, avec les subsistances. Mais chacun de ces importans objets exigeant un chapitre particulier, nous sommes forcés d'y renvoyer nos lecteurs.

CHAPITRE III.

De la Colonne considérée sous deux rapports; sous l'un, comme moyen de marche et de manœuvre, et sous l'autre, comme disposition d'attaque. Qu'elle ne peut jamais être que l'ordre momentané et accidentel.

Considérée sous le rapport de moyen de marche et de manœuvre, il est bien prouvé, je crois, que la colonne n'appartient pas plus au systême de M. de M.... D..... qu'à la Tactique moderne. De tout temps les armées ont manœuvré et marché en colonne. Le roi de Prusse, en perfectionnant la Tactique, a, plus que personne, connu les ressources et le parti qu'on pouvoit tirer du mécanisme et du maniement des colonnes. C'est par ce mécanisme qu'il est le premier moderne qui ait su remuer facilement des armées nombreuses, et donner, si je puis m'exprimer ainsi, des batailles manœuvrières. M. de M.... D..... ne nous a donc rien appris assurément, en écrivant qu'il falloit marcher et manœuvrer en colonne. Les gens de guerre jugeront d'ailleurs, en examinant l'analyse que j'ai faite dans la première partie de cet Ouvrage, de sa colonne adaptée aux marches et aux mouvemens d'armées, si la colonne de l'ordonnance, et toutes les manœuvres qui en dérivent relativement à ces grands objets, ne sont pas infiniment supérieures.

Je n'ai par conséquent à examiner ici la colonne que sous le rapport de disposition d'attaque; cet examen mérite d'être approfondi.

De la démonstration établie dans le chapitre précédent, que l'ordre primitif et habituel doit être l'ordre déployé, parce que cet ordre est essentiellement l'ordre défensif de l'infanterie, et celui qu'elle est par conséquent le plus souvent dans le cas de prendre, il s'ensuit nécessairement que l'ordre en colonne, considéré comme disposition d'attaque, ne peut jamais être que l'ordre momentané et accidentel. Telle est aussi la place qui lui est assignée dans la Tactique moderne. Mais en admettant la colonne comme une disposition d'attaque avantageuse, cela exige encore des éclaircissemens, des modifications et des exceptions.

L'avantage de l'ordre en colonne ne consiste point, comme le croyoit Folard, et comme paroît aussi le penser M. de M.... D....., quoiqu'il s'énonce à ce sujet moins positivement que son maître, dans la force de choc produite par la pression exacte des rangs et des files; cette pression exacte ne pouvant avoir lieu entre des individus actifs et pensans, au point de former un corps sans interstices, et capable d'acquérir une force combinée sur sa quantité de force et de mouvement.

Cet avantage consiste dans la succession continue d'efforts que font des troupes rangées les unes derrière les autres, et se succédant rapidement pour se porter à un point d'attaque, dont, couvertes par les troupes qui les précèdent, elles n'ont ni vu les obstacles, ni directement essuyé les coups.

Il consiste en ce que la colonne ayant peu de front, on peut la porter sur les parties saillantes, sans qu'elle ait beaucoup à souffrir des faces. Qu'on compare en effet la direction que suit un bataillon formé en colonne pour venir attaquer l'angle d'un retranchement, à celle que suivroit un bataillon déployé formant la même attaque. L'un chemine sur la capitale de cet angle, et n'est exposé qu'à un petit nombre de feux de front, tous les autres étant indirects ou éloignés. L'autre seroit battu d'une si grande quantité de feux, qu'en admettant qu'il eût assez de courage pour aller jusqu'au pied du retranchement, il y arriveroit trop diminué et trop éclairci pour s'en emparer.

Il consiste enfin en ce que cet ordre donne de la confiance à l'assaillant, et intimide l'attaqué. Il donne de la confiance à l'assaillant, parce qu'il s'y sent ou soutenu ou précédé; et il intimide l'attaqué, parce que le soldat ne raisonne pas, parce qu'il ne voit que par les yeux de la machine, et que, d'après cet organe illusoire, il est porté à s'exagérer les efforts de l'ordre le plus épais, et qui rassemble le plus d'hommes dans le plus petit espace.

Tels sont les avantages de la colonne; mais elle a aussi sans doute quelques inconvéniens. Elle est sujette au flottement, au tumulte et au désordre. Que ses flancs soient battus par un feu vif; que du premier effort elle ne surmonte pas les obstacles qu'elle rencontre, les distances se resserrent, les soldats se pressent, les rangs se confondent, les officiers ne sont plus entendus, la masse tourbillonne, se disperse, et ne peut plus se rallier qu'à une distance très-éloignée, bien entendu encore qu'elle ne se ralliera jamais en colonne : car, ainsi que nous l'avons dit ailleurs, le ralliement n'est jamais possible que dans un ordre mince et étendu, parce qu'une troupe en désordre n'est jamais ralliée que par ses officiers; et que pour que la voix, l'exemple, le geste puissent faire impression, il faut que les officiers puissent tenir en quelque sorte chaque soldat sous leurs yeux et sous leur main.

Un autre inconvénient de la colonne, c'est qu'en attaquant, et même en emportant le poste qu'elle attaque, il arrive souvent qu'elle se serre et se supresse, une sorte d'instinct moutonnier et machinal portant le soldat à s'appuyer sur son voisin à l'approche du danger, tant pour chercher abri que protection; et que de-là, maîtresse du poste qu'elle a emporté, elle a de la peine à s'y soutenir, faute de pouvoir manoeuvrer pour s'y déployer et s'y étendre. Cependant l'ennemi a-t-il des troupes fraîches à portée, il marche sur elle, tandis qu'elle est encore dans la confusion de son succès, la renverse, et c'est à recommencer sur nouveaux frais. Ainsi se passent, de l'aveu de beaucoup d'anciens officiers, la plupart des attaques de postes en colonne. Il faut lire à ce sujet, dans Feuquières, les détails qu'il fait de la bataille de Nerwinden; il étoit témoin oculaire, et commandoit une partie de l'attaque. Nous emportâmes le village de Nerwinden sept fois, et nous en fûmes chassés autant, et toujours parce que nos colonnes, après l'avoir emporté, se trouvèrent trop en désordre pour s'établir à la tête du village, et pour le conserver.

On remédie à ces inconvéniens de la colonne, ou du moins on les diminue beaucoup, quand on lui donne une organisation simple, analogue à la formation des troupes dans l'ordre déployé, dérivant de cet ordre enfin, et y ramenant très-facilement; telle, en un mot, que les compagnies conservent dans l'ordre en colonne, le même rang qu'elles ont dans l'ordre déployé, et qu'ainsi, chacune d'elles soit précédée ou suivie de la troupe qui est immédiatement à côté d'elle dans l'ordre déployé. On y remédie sur-tout en plaçant avec intelligence les officiers et bas-officiers, tant sur les flancs qu'à la tête, au centre et en serre-file des divisions, pour contenir et conduire le soldat. On y remédie enfin, en laissant entre les fractions quelconques qui composent la colonne, des intervalles, qui ne doivent jamais être moins de trois pas, même au moment de l'attaque; afin que les divisions ne puissent point se mêler et se confondre; qu'en cas de mauvais succès la colonne ne devienne pas une masse inextricable; et qu'en cas d'avantage, elle puisse au besoin se déployer pour occuper et conserver le poste qu'elle aura emporté.

Je laisse maintenant à ceux de mes lecteurs qui auront lu avec quelque attention, dans la première partie de cet Ouvrage, le parallèle de la colonne de M. de M.... D..... avec celle de l'ordonnance, à juger quelle est celle des deux qui remplit mieux les objets exposés ci-dessus. Reprenons ce qui concerne la colonne en général.

L'ordre en colonne, ainsi que nous l'avons dit précédemment, ayant des avantages tant réels que d'opinion, et ses inconvéniens pouvant être diminués ou prévenus quand on donne à la colonne une formation bien entendue, et qu'on sait ensuite l'employer et la conduire, il s'ensuit, et il n'y a pas un partisan de la Tactique moderne qui soit tenté de le nier, que cet ordre est très-propre aux attaques, et particulièrement aux attaques de postes; qu'en conséquence les troupes doivent être fréquemment exercées à passer de l'ordre déployé à l'ordre en colonne, et à repasser de l'ordre en colonne à l'ordre déployé. L'un est leur ordre primitif et habituel; l'autre est leur ordre momentané et accidentel. Tous deux composent essentiellement leur Tactique, et aucun des deux ne peut ni suppléer, ni exclure l'autre.

Nous ne dissimulerons pas (l'impartialité dont nous faisons profession nous en fait un devoir) que nos dernières ordonnances de manoeuvres, et sur-tout celle de 1776, n'aient un peu trop négligé de parler de la colonne sous le rapport d'ordre d'attaque. Il ne suffisoit peut-être pas d'y perfectionner, comme on l'a fait, tous les mouvemens en colonne; il ne suffisoit pas d'y indiquer une colonne par bataillon formée par le centre, en l'appliquant seulement à la manoeuvre du passage des lignes. Il falloit articuler expressément qu'on pourroit se servir de la même colonne pour colonne d'attaque; qu'on la préféreroit même, dans ce cas seulement, toutes les fois qu'on verroit devant soi la certitude de pouvoir la déployer au besoin par le mouvement contraire, et sans être obligé de faire des mouvemens de flanc pour gagner le centre de son terrein. Il falloit enfin consacrer un chapitre entier, et il eût été bien employé, à traiter de l'attaque en colonne. Il falloit consigner dans ce chapitre, comme un principe fondamental, *qu'on marcheroit à l'ennemi toutes les fois qu'on pourroit raisonnablement espérer de le joindre.* Faute de cela, on a donné à penser qu'on excluoit l'attaque en colonne, qu'on adoptoit l'ordre déployé pour ordre unique; et l'on a fourni des armes à M. de M.... D.....

Le principe ci-dessus auroit sans doute paru vague à M. de M.... D.....; mais il ne peut pas sans inconvénient être énoncé plus formellement et plus positivement. On doit sentir en effet que c'est aux circonstances à déterminer le moment où il faut marcher à l'ennemi. Établir en axiome, comme le fait M. de M.... D....., qu'on marchera à l'ennemi toutes les fois qu'on ne sera pas séparé de lui par un obstacle, c'est poser le précepte le plus faux et le plus dangereux.

Sans doute il faut marcher à l'ennemi sans aucun préliminaire de feu, si l'ennemi est dans une plaine rase et sans appui ; il faut marcher à lui, si on a éteint le feu de son artillerie par une artillerie supérieure, si on l'a ébranlé par son feu, si on le voit flottant et incertain ; mais, s'il est dans une situation avantageuse, s'il est hérissé d'une artillerie formidable, si sa position réduit nécessairement l'attaque à des points saillans, il faut manœuvrer devant lui ; il faut tâcher ou de le tourner, ou de l'engager à se dégarnir dans quelque partie ; il faut battre par des feux supérieurs les feux de ses points de défense ; il ne faut enfin alors marcher à lui que quand il y a des probabilités vraisemblables qu'on pourra le joindre avec succès. Est-on audacieux, a-t-on de meilleures troupes que l'ennemi ; sent-on, voit-on, aux gens dont on est suivi, cette volonté, cet élan qui promettent de grands efforts, et qui présagent la victoire? on peut alors oser davantage; on peut hasarder ce qui paroîtroit et ce qui seroit impossible dans une autre circonstance. Avec les François sans doute, plus qu'avec aucune autre nation, il existe de ces momens heureux qu'un homme de talent peut saisir, et qu'il peut même faire naître, si au talent il joint une certaine trempe d'ame; mais conclure de ces momens, qui seront toujours rares, et en inférer, comme un principe infaillible et général, qu'il faut toujours marcher à l'ennemi toutes les fois qu'il n'y a pas impossibilité absolue de le joindre; c'est assurément n'avoir réfléchi ni sur les variétés des circonstances, ni sur celles du cœur humain.

Marcher à l'ennemi et le charger à la bayonnette, ainsi que le veut M. de M.... D....., est une manœuvre toujours délicate, et qu'il ne faut hasarder que dans des momens décisifs, par une raison simple; c'est qu'une charge de cette espèce est aussi décisive pour la troupe qui la fait, que pour celle qui l'essuye, et que si elle manque son objet, il ne reste plus de ressource. M. de M.... D..... a donc beau faire, il a donc beau promettre la victoire à celui qui s'en servira; comme on se tue sans se joindre; comme il est dans la nature de rendre sur le champ les coups qu'on reçoit, et de les croire plus redoutables à mesure qu'on en approche, le choc à l'arme blanche ne sera jamais que l'action momentanée et accidentelle.

Il y a loin, je le sens, de ces modifications à tous les grands effets que promet M. de M..... D..... du choc de sa colonne; car non-seulement elle doit toujours marcher à l'ennemi; mais marcher, selon lui, est encore trop peu; elle doit y courir; la course est son pas naturel. Qu'il me soit permis de citer ici M. de M.... D..... lui-même, parlant de la course de sa colonne. Ceci est tiré d'un de ses plus récens ouvrages, de ses Fragmens de Tactique, dans son Mémoire sur la Colonne (1).

« La colonne en courant s'allonge, mais se » raccourcit aussi à chaque instant. En abor- » dant l'ennemi, elle sera serrée en partie, et » sur le temps même achèvera de l'être, ce qui » portera sur ce contact le plus grand effort » de pression dont la profondeur puisse être » capable. La première objection qu'on m'ait » faite sur la course, c'est que les derniers » rangs jetoient les premiers ventre à terre.

(1) Pages 79 et 80.

» Pas tout-à-fait; ils les jetteront seulement
» ventre à l'ennemi. On peut sans doute contre
» ceci faire des argumens à perte de vue. Il
» n'y a qu'une réponse, la même que fit Zénon
» à celui qui nioit le mouvement.

» La course, comme la profondeur, a plus
» encore de force morale que de physique;
» elle ne multiplie pas la masse par la vîtesse,
» mais d'un côté l'audace par l'ivresse, et de
» l'autre la frayeur par l'épouvante....

» Quand on voudra essayer la véritable
» course, on verra premièrement qu'elle est
» très-facile; de plus, que les soldats échauf-
» fés, ou plutôt enflammés par cette course,
» sont emportés en avant, de manière que
» chaque individu, même malgré lui, seroit
» entraîné par le torrent. On verra que même
» à l'exercice, la troupe d'ailleurs assez atten-
» tive et maîtresse d'elle-même pour courir
» en aussi bel ordre qu'elle pourroit marcher,
» sera si ardente et si gaie, qu'elle sera tou-
» jours prête à bondir, souhaitera des enne-
» mis avec une bonne foi risible, et des yeux
» étincelans, et si on ne la fait taire, chemi-
» nera à grands cris comme une meute de
» chiens. Il ne seroit pas aisé même de con-
» tenir ces cris en arrivant à l'ennemi. Eh!
» pourquoi les contenir? si ce n'est pour mé-

» nager son haleine, et pour pouvoir avec » plus d'ensemble et de force, jeter à trente » pas le coup de tonnerre : *armes bas.* Cette » note fera peut-être rire quelques lecteurs, » mais la représentation ne feroit point rire » les ennemis ».

Il me reste à examiner dans quelles circonstances il faut faire usage des colonnes d'attaque, et si l'ordre en colonne doit être exclusivement l'ordre destiné à attaquer.

On a d'abord vu les modifications que j'ai établies ci-dessus, au principe général de M. de M.... D....., en démontrant qu'il y a beaucoup de circonstances où l'on ne peut marcher à l'ennemi, quoique cependant il n'y ait pas d'impossibilité physique de le joindre. Dans ces circonstances le combat doit nécessairement s'engager par le feu; et ce feu peut avoir alors plusieurs objets; ou d'occuper l'ennemi tandis qu'on le tourne et qu'on l'attaque plus décisivement dans un autre point; ou de le battre et de le déloger par un feu supérieur, si l'on a à cet égard l'avantage sur lui; ou enfin de l'éclaircir et de le mettre en désordre pour marcher ensuite à lui, quand on le voit affoibli et ébranlé. Voilà donc déjà des circonstances, et elles sont assez fréquentes, dans lesquelles la nature de l'attaque exige l'ordre déployé.

Mais elles ne sont pas les seules encore; car il y a telle attaque où il est à propos de mêler des bataillons déployés avec des colonnes, pour marcher ensemble et de concert; les bataillons déployés ayant pour objet d'embrasser les faces et les courtines, et d'occuper ou d'éteindre leur feu, tandis que les colonnes marchent aux parties saillantes. Il y a telle autre disposition d'attaque, où on peut soutenir les colonnes par des bataillons déployés; les colonnes ayant alors pour objet d'emporter le point d'attaque, et les bataillons déployés de s'y établir immédiatement après, pour le garnir et pour le défendre contre les efforts que l'ennemi pourroit faire pour le reprendre. Il y a enfin telle occasion, où l'on peut faire marcher à l'ennemi sa première ligne déployée, la seconde la soutenant en colonnes.

Point de méthode générale et exclusive : voilà donc ce qu'enseignent la réflexion et l'expérience. Les colonnes sont très-propres à l'attaque : elles y sont sur-tout propres, quand l'ennemi est derrière un retranchement, ou dans tel autre poste dont les flancs naturels ou artificiels réduisent nécessairement à attaquer les saillans, et à ne pas se présenter sur les faces; elles y sont propres, quand ne pouvant déboucher sur l'ennemi que par un point, on est forcé de rassembler ses troupes sur ce point, et d'arriver par lui; elles y sont propres enfin, quand d'un retranchement ou d'un lieu fermé, on veut faire une sortie sur l'ennemi attaquant, et déjà mis en désordre par le mauvais succès de son attaque; ou bien encore quand il s'agit de rattaquer sur le champ le poste qu'il vient d'emporter, et où il n'a pas eu le temps de s'établir.

Mais les bataillons déployés ont aussi leurs avantages pour une attaque. Ils sont propres à embrasser un flanc; ils sont propres à être combinés dans une disposition générale, avec des colonnes, soit pour marcher à la même hauteur, et de concert avec elles, soit pour les soutenir, soit pour être soutenus par elles. Il y a des cas même, où, sans concours, sans appui, sans mélange de colonnes, je chargerai l'ennemi en ligne, s'il est dans le même ordre; par exemple, dans une position où le terrein ne lui donnera sur moi aucun avantage; car alors nous sommes à jeu égal, quant à notre ordonnance; et il suffit que je lui sois supérieur ou en nombre, ou en manœuvre, ou en courage. Supposons une autre circonstance: aurai-je pendant quelque temps soutenu contre l'ennemi un combat de mousqueterie, et le verrai-je en désordre ou chancelant? verrai-je sa ligne, ou sa position percée dans des points collatéraux ? alors certainement je n'irai pas me former en colonne pour marcher à lui. Ce seroit une mauvaise manoeuvre à faire sous son feu ; ce seroit m'exposer à me faire battre, si lui-même prenoit le parti de me charger pendant mon mouvement. J'ébranlerai donc mes bataillons tout déployés qu'ils seront, et je les menerai à l'ennemi ; non pas à la course, comme le veut M. de M.... D....., mais au pas de manoeuvre, lequel s'accélérera graduellement par les effets réunis des instrumens de guerre, du mouvement et de la circonstance.

La Tactique moderne est enfin si éloignée des méthodes générales et exclusives, qu'elle n'exclut pas même celles qui sont le plus opposées à ses principes habituels. Ainsi, quoique l'usage des lignes, tant pleines que vides, soit proscrit; quoique nos bataillons déployés se forment constamment en ligne contigue, ou du moins avec de très-petits intervalles, le roi de Prusse se sert néanmoins dans quelques circonstances de l'ordre en échiquier ; les bataillons se soutenant et se remplaçant ainsi sans embarras et sans confusion, pour entretenir une attaque, ou pour faire une arrière-garde. Je l'ai vu employer cette manoeuvre il y a quelques années au camp de Neiss, en Silésie. Je ne la cite pas sans doute comme une de celles dans lesquelles il a confiance, mais du moins comme une preuve de l'opinion qu'a ce grand homme, que la bonne Tactique doit être très-variée dans ses moyens, parce qu'il n'y a rien de si varié aussi que les terreins et les circonstances.

En me voyant ainsi poser des principes qui ne sont rien moins qu'exclusifs, et non-seulement ne pas proscrire la colonne, comme moyen d'attaque, mais même en recommander l'usage, M. de M..... D..... ne manquera pas de répéter, *que c'est une manière d'éluder la défaite de l'ordre mince ; que ces modifications signifient seulement, en bon françois, qu'on veut bien prendre sa méthode pourvu qu'il ne soit pas dit qu'on l'a prise ; pourvu que ne la prenant pas toute d'une pièce, on puisse un peu la démembrer et la déguiser, en y faisant quelques brèches, qu'on couvrira de quelques lambeaux de la Tactique moderne* (1).

Mais j'avoue que je ne puis concevoir ce qui fonde M. de M.... D..... à prétendre ainsi qu'on cherche à le dépouiller et à modifier son système, pour l'adopter sans en convenir. Cet Ouvrage a déjà prouvé jusqu'ici, et j'es-

(1) Réflexions sur les manœuvres de l'ordonnance, publiées au Camp de Bayeux, pag. 115 et 116.

père qu'il prouvera de plus en plus, que les deux systêmes diffèrent absolument. Ils diffèrent en effet à la fois, par les principes, par les moyens, et par les résultats : nous intenteroit-il cette accusation, parce que la Tactique moderne fait usage des colonnes, et qu'elles sont notre instrument presque universel de manoeuvres? Mais les colonnes nous appartenoient avant qu'il ne pensât à elles, et le roi de Prusse remuoit cent mille hommes en colonnes, à la vérité différemment organisées que les siennes, sans avoir lu ses ouvrages. Croiroit-il que c'est lui qui nous force à convenir que l'ordre en colonne peut être avantageux pour l'attaque? Mais avant lui, et de tout temps, on attaquoit des postes en colonne, et on soutenoit par des colonnes les postes attaqués. Avant lui, M. le maréchal de Broglie nous avoit donné dans sa savante disposition de défense du village de Bergen, une grande leçon de l'utile mélange des deux ordres. Enfin, pour ce qui me concerne, si M. de M.... D..... veut se convaincre qu'il ne m'a ni ébranlé, ni fait varier, et que mon opinion, telle que je la donne ici, modifiée et anti-exclusive, est ce qu'elle a toujours été; il n'a qu'à prendre la peine de lire les chapitres de l'*Essai général de Tactique*, où je traite de la colonne envisagée sous ses différens rapports. Ayant fait cet Ouvrage dans ma première jeunesse, j'ai dix ans après le plaisir rare de n'être pas obligé de revenir sur les principes que j'y ai exposés. M. de M.... D..... a un peu plus varié dans les siens; il est vrai qu'il prétend à l'honneur d'avoir créé un systême; et que moi, j'ai humblement préféré de me faire l'écolier d'un grand homme.

CHAPITRE IV.

Examen du Systême de M. de M.... D....., relativement à la cavalerie.

VOICI encore un rapport sous lequel il est bien important d'examiner le systême de M. de M.... D..... Par ce systême, l'usage et l'emploi de la cavalerie sont entièrement changés. Par ce systême on croit non-seulement pouvoir en diminuer le nombre, mais au besoin même on iroit jusqu'à s'en passer. Cette dernière assertion, positivement énoncée dans le Traité des Plésions, a été un peu mitigée par M. de M.... D..... dans ses ouvrages postérieurs; mais il n'en reste pas moins, que dans son systême actuel la cavalerie est presque comptée pour rien, et qu'elle n'y est plus employée que comme arme secondaire, passive, et entièrement subordonnée à l'infanterie: destination absolument opposée à celle qu'elle a dans la Tactique moderne.

M. de M.... D..... a beaucoup varié dans l'emploi qu'il veut faire de la cavalerie. D'abord fidèle au principe du mélange des armes, et renchérissant à cet égard sur Folard, il vouloit dans chaque plésion une compagnie de grenadiers à cheval. Ensuite il paroît avoir renoncé à cette formation, et s'en tenir à avoir des troupes à cheval séparées de l'infanterie; mais en même temps il ne veut point de cavalerie aux ailes, et l'emploie toute en seconde ligne derrière les intervalles de ses plésions. Enfin, ayant apparemment réfléchi sur l'inconvénient de ne point appuyer les ailes de son infanterie par de la cavalerie, et commençant peut-être à soupçonner que ses colonnes, quoique *sans flancs*, quoiqu'*invincibles*, pourroient fort bien se trouver un peu isolées et découvertes; mais ne voulant pas en même temps tomber dans les idées reçues, il a imaginé une manière toute nouvelle de placer la cavalerie : savoir, de la poster moitié sur une ligne à deux ou trois cents toises en arrière des flancs de l'infanterie, et l'autre moitié derrière cette infanterie, pour pouvoir soutenir ses colonnes, en passant au besoin par leurs intervalles. Telle est la disposition que nous croyons du moins être l'*ultimatum* actuel de M. de M.... D.....; puisque c'est ainsi qu'on a employé dans plusieurs manoeuvres le petit nombre de troupes à cheval qui étoit au camp de Bayeux. Pour ne pas m'y méprendre, au reste, je répondrai successivement aux différentes versions qu'il a adoptées dans son systême.

Je ne répéterai point ici littéralement les raisons qui déterminent M. de M.... D..... à donner à la cavalerie une destination si opposée à celle qu'elle a aujourd'hui; un extrait littéral de M. de M.... D..... mène toujours trop loin. Je me contenterai d'en recueillir le sens le mieux que je pourrai dans ses nombreux écrits, et dans ce que j'ai oui dire à ses partisans.

Une des premières raisons de M. de M.... D..... est, comme l'on peut croire, l'exemple des anciens. Ils mélangeoient les armes, ils avoient peu de cavalerie; ils en faisoient peu de cas; elle étoit regardée chez eux, dit M. de M.... D....., comme l'arme des nations barbares et de l'indiscipline.

Ses autres raisons sont fondées sur l'inconvénient des ordres de bataille étendus; sur l'inutilité des secondes lignes; sur la force intrinsèque de l'infanterie rangée dans son systême; force qui la rend également susceptible d'attaquer et de se défendre sans moyens étrangers à elle ; sur la cherté de la cavalerie ; sur la difficulté de la faire subsister ; et sur l'augmentation d'infanterie qu'on pourroit se procurer à proportion de ce qu'on la diminueroit.

C'est enfin relativement à la cavalerie, disent les partisans de M. de M.... D....., que son système est important et utile à adopter. La situation où est cette partie de notre armée, la guerre de continent qui nous menace, tout milite selon eux en faveur de son système. La France, disent-ils, n'a point de cavalerie ; ou du moins celle qu'elle a est très-inférieure et très-insuffisante, comparée à celle des autres grandes puissances militaires. S'il falloit incessamment faire face à une guerre de terre, on ne pourroit faire de la cavalerie ni à prix d'efforts, ni à prix d'argent. On doit donc regarder comme le salut de l'armée, comme celui de la chose publique, un système qui met en état de faire la guerre avantageusement avec le peu de cavalerie qu'on a.

Avant de passer à l'examen des diverses manières dont M. de M.... D..... propose d'employer la cavalerie, je vais discuter les raisons alléguées ci-dessus, tant par lui que par ses partisans, en faveur du fond de son système.

Il est certain que les anciens (en ne considérant parmi eux que les Grecs et les Romains, tous les autres peuples pouvant être réputés barbares quant à la science militaire) avoient en général moins de cavalerie que les nations modernes, et qu'ils comptoient beaucoup moins sur elle que sur leur infanterie. Mais qu'est-ce que cela prouve? Que les Grecs et les Romains avoient infiniment négligé cette arme, et qu'ils étoient eux-mêmes presque barbares sur cette partie de la guerre. Pour s'en convaincre, il suffit de jeter les yeux sur la formation de leur cavalerie: chez les Grecs elle se formoit en trapèzes; chez les Romains, en turmes; c'est-à-dire, chez tous deux, en ordre de profondeur, et par conséquent avec l'incapacité de se remuer, et d'avoir les premières propriétés de la cavalerie, qui sont la vîtesse du choc et la rapidité des mouvemens. Il suffit de se rappeler que parmi la cavalerie Grecque, la seule qui eût quelque réputation étoit la Thessalienne, espèce de cavalerie qui combattoit armée de haches, sur des chevaux extrêmement vîtes et sans se former en escadrons; et que la cavalerie Romaine ne pouvoit tenir la campagne devant la cavalerie Numide, Espagnole, Carthaginoise, etc. qui, quoique sans ordre et sans discipline, avoit du moins pour elle la vîtesse.

Telle peu formidable que fût la cavalerie chez les Grecs et chez les Romains, il n'en faut cependant pas conclure qu'elle n'influât souvent, et décisivement dans les batailles. Sans prétendre faire assaut d'érudition avec M. de M.... D....., je lui rappellerai Épaminondas, commençant la bataille de Mantinée, par battre avec la cavalerie de son aile droite, l'aile gauche de la cavalerie ennemie, bien sûr qu'ayant ainsi découvert le flanc de l'infanterie Athénienne, elle ne tiendroit pas contre l'attaque de la sienne; Alexandre faisant grand usage de sa cavalerie, et combattant toujours à sa tête; Annibal presque toujours victorieux par la sienne; Xantippe battant Régulus, qui n'en avoit point, et qui croyoit pouvoir s'en passer; César employant à Pharsale toutes les ressources de l'art et du génie pour contre-balancer l'infériorité qu'il se sentoit par la supériorité de Pompée en cavalerie, etc. etc. M. de M.... D..... m'a accusé dans un de ses ouvrages *d'avoir légèrement étudié l'Antiquité*. J'avoue que je ne l'ai pas étudiée pour enrichir ma mémoire et pour la faire peser sur mes lecteurs, mais pour éclairer mon jugement et me former des résultats.

La cavalerie n'étoit pas à beaucoup près aussi nécessaire aux anciens, vu leur genre de guerre, qu'elle nous l'est devenue aujourd'hui, vu le nôtre. Ils avoient en général des armées moins nombreuses. (Je parle des Grecs et des Romains dans leurs beaux jours.) Elles manœuvroient sur de petits fronts ; elles campoient dans de petits espaces, et toujours retranchées ; elles avoient moins d'embarras et d'attirails : elles étoient donc, d'une part, plus aisées à faire subsister ; et de l'autre, elles étoient certainement plus sobres. Elles n'embrassoient par conséquent pas, et n'étoient pas dans la nécessité d'embrasser de grands pays par leurs opérations et par leurs positions ; objets qui imposent aujourd'hui l'obligation d'avoir une cavalerie suffisante pour tenir la campagne. M. de M.... D..... voudroit, à la vérité, nous ramener à ce genre de guerre ; mais c'est une chimère à laquelle nous démontrerons, soit à lui, soit au public du moins, qu'il faut renoncer.

L'art de la guerre que nous croyons, quoi qu'en puisse dire M. de M.... D....., infiniment supérieur aujourd'hui à ce qu'il étoit chez les anciens, s'est, entre autres points, sur-tout infiniment perfectionné, quant à la cavalerie. Depuis vingt ans particulièrement, les progrès ont été immenses ; et c'est encore au roi de Prusse qu'on les doit.

La preuve de ces progrès, c'est qu'aujourd'hui on n'agite plus l'inutile question de la prééminence des deux armes. Une théorie plus savante, des réflexions plus saines ont mis chacune d'elles à sa place. Ainsi la cavalerie et l'infanterie n'ont plus respectivement la prétention d'être exclusives. En s'éclairant, elles ont cessé de se jalouser. L'infanterie propre aux travaux, aux siéges, aux combats, à toutes les natures de pays, est sans doute toujours l'arme principale, et pourroit au besoin dans de certaines circonstances se suffire à elle-même. Mais sans cavalerie, elle n'avanceroit qu'à pas de tortue ; elle seroit sans cesse harcelée, sans cesse exposée à manquer de subsistances ; elle ne complèteroit jamais ses succès ; elle auroit de plus grands revers ; enfin, elle ne feroit rien de rapide. La cavalerie à son tour décide ou rétablit souvent les combats ; c'est elle qui fait les courses, les avant-gardes, les expéditions ; mais sans infanterie, elle ne feroit rien de décisif, elle ne pourroit s'établir nulle part. Le moindre poste, le moindre obstacle, l'arrêteroient. La nuit elle trembleroit pour sa sûreté. Ces propriétés et cette utilité réciproque bien reconnues de part et d'autre, font que ces deux armes sont et se regardent aujourd'hui dans une armée, ce que sont les membres d'un corps bien organisé, des parties qui constituent le tout, et qui ne pourroient se séparer et se passer l'une de l'autre sans s'affoiblir.

Aujourd'hui, la cavalerie en acquérant la vîtesse qui lui manquoit, et en la combinant avec l'ordre et la discipline qui lui manquoient davantage encore, est devenue dans la main du général qui saura la manier, une arme formidable et de la plus grande ressource. Par elle, les inconvéniens de l'ordre étendu peuvent être en plus grande partie remédiés, puisque par elle on peut appuyer les parties foibles, porter rapidement du secours aux parties éloignées, embrasser une grande étendue de pays, et par conséquent se procurer beaucoup de subsistances et de commodités. Par elle, on peut en un clin-d'œil rétablir un combat désespéré et compléter une victoire. Les grands coups, les coups audacieux, les coups de génie, doivent être frappés par la cavalerie. Ainsi la victoire de Friedberg fut due à la hardiesse d'un régiment de dragons Prussiens; celle de Rosbach à une charge décisive du général Seydlitz; celle de Colin, déjà presque gagnée par le roi de Prusse, à deux régimens de dragons et de chevaux-légers Autrichiens et Saxons; celle de Kunersdorff, au maréchal de Laudohn, qui, comme un aigle, fondit sur l'infanterie Prussienne acharnée à pousser ses succès et fatiguée de vaincre.

Mais, avouons-le, cette grande manière, cette manière décisive d'employer la cavalerie, ne nous est connue que par relation. Nous avons vu la guerre dernière un exemple de ce qu'un homme de talent peut faire avec elle; c'est à la défaite de l'arrière-garde de M. le prince héréditaire à Grinberg; cet hommage ne paroîtra pas suspect, je le rends à la mémoire d'un officier-général qui n'est plus, du baron de Clozen. L'arrière-garde des ennemis, composée de sept ou huit bataillons, étoit en colonne de retraite. Il débouche à sa vue. Un homme ordinaire, un homme seulement courageux, eût attaqué la queue de cette arrière-garde, c'étoit ce qui étoit le plus près de lui. Le baron de Clozen veut frapper un coup plus décisif; il longe la colonne avec environ 3 ou 400 chevaux, puis, quand il est environ à hauteur de son centre, il se rabat, fond sur elle, la sépare en deux, fait mettre bas les armes à tout ce qui étoit du centre à la queue, et auroit fait éprouver le même sort au reste de la colonne, si elle n'eût déjà été couverte par les difficultés du pays.

Je répondrai ailleurs aux raisons que tire M. de M.... D..... de l'extension de nos ordres de bataille pour appuyer la nouveauté de ses principes sur la cavalerie, en examinant si en effet cette extension est un vice, et s'il est possible d'y remédier. Passons aux raisons qu'il prétend tirer de la cherté de l'entretien de la cavalerie. Ma réponse sera courte ; car en prouvant qu'on ne peut s'en passer, je n'ai rien à ajouter pour justifier les dépenses qu'elle occasionne. Il pourroit rester tout au plus à se débattre sur le nombre qu'il convient d'en avoir ; et mes idées sur cet objet sont encore très-opposées aux opinions de M. de M.... D.....

Il me semble que le nombre de cavalerie entretenue aujourd'hui par les deux premières puissances militaires de l'Europe, le roi de Prusse et l'empereur, n'est point trop fort relativement au pied de leur infanterie. Ils ont environ trente-cinq ou quarante mille chevaux pour cent quatre-vingt mille hommes d'infanterie. Cette proportion est au-dessous de celle qui est établie en principe par tous les auteurs classiques. Montécuculli et Feuquières qui tiennent le premier rang parmi eux, la fixent à un cinquième de l'infanterie. Louis XIV en entretint toujours davantage. On voit jusqu'à deux cents et tant d'escadrons dans ses armées de Flandre, et les escadrons étoient alors à 160 hommes.

N'avoir que peu de cavalerie, et prétendre, comme le prétend M. de M.... D....., pouvoir y suppléer, au moyen d'une augmentation relative d'infanterie, ce seroit, sans opérer une grande économie, se mettre hors d'état de lutter avec égalité contre des ennemis qui sont constitués sur un autre principe. Car, quoi qu'en puisse dire M. de M.... D....., de l'infanterie, quelque bonne, quelque nombreuse qu'elle soit (à moins qu'on ne fasse la guerre dans un pays de montagnes), ne peut suppléer la cavalerie.

Mais ne jamais, dans aucun cas, augmenter la proportion que les maîtres de l'art ont fixée au cinquième de l'infanterie, comme à son plus haut point; se réduire, en temps de paix, à une autre proportion, telle que l'augmentation éventuelle en cas de guerre ne soit jamais que du cinquième de chaque escadron au plus; faire en sorte en même temps que cette cavalerie soit toujours bien montée, bien équipée, bien manœuvrière, et pour cela n'y épargner ni peine, ni soins, ni argent: voilà quel seroit le systême sage, la moyenne entre les deux extrêmes, et enfin le parti indispensable.

Quant aux argumens que j'ai entendu tirer, comme décisifs et péremptoires en faveur du système de M. de M.... D....., de la situation actuelle de notre cavalerie, de l'état de foiblesse où elle est réduite, de l'impossibilité de la porter sur le pied de guerre par des augmentations qui seroient subites et forcées, sans la détériorer sensiblement, et la rendre très-inférieure à celle que les ennemis pourroient nous opposer, de l'embarras où cette augmentation, et ensuite l'entretien qui s'ensuivroit, jetteroient les finances du royaume; j'avoue que j'ai peine à les concevoir. Quoi! la cavalerie est nécessaire! L'empereur, le roi de Prusse en ont une formidable, et le roi de France ne pourra pas mettre la sienne au même point! Et l'on sera forcé de chercher un supplément au moins incertain et vraisemblablement dangereux, dans un systême qui a tous les grands principes de la guerre, l'officier, le soldat, enfin le préjugé et l'usage de toute l'Europe militaire contre lui! On n'a point de cavalerie, et l'on adoptera une Tactique qui perdra le peu que nous en avons, et qui l'empêchera de se relever à jamais!

Ah! plutôt qu'on le dise, qu'on le répète sans cesse au roi, qu'il n'a point de cavalerie, que sans cavalerie, on n'a point d'armée; que sans armée, on n'a ni gloire, ni considération, ni base pour ses négociations, ni sécurité pour l'avenir, ni paix même. Qu'on en frappe ses oreilles, son imagination; qu'on en fasse la vérité de tous les jours, de tous les instans; une vérité de cette importance ne peut jamais devenir triviale; et il faudroit, s'il étoit nécessaire, oser la rendre importune. Qu'on le fasse; et bientôt le roi aura une cavalerie. Ce n'est une entreprise, ni aussi difficile, ni aussi chère qu'on se plaît à l'exagérer. Le germe en existe. Nos régimens sont presque nuls, mais nous avons la discipline et l'instruction. Nous avons quelques officiers généraux et supérieurs qui ont été dérober chez l'étranger les secrets de cette arme, qui en possèdent la théorie, et dont les talens n'attendent que de grandes occasions pour y joindre la pratique.

Venons aux variantes de M. de M.... D....., sur la manière dont il emploie la cavalerie dans son systême.

Il vouloit, dans sa première version, attacher à chaque plésion une compagnie de grenadiers à cheval de 75 hommes. Il avoit pris cette idée des légions Romaines, et cet exemple lui avoit apparemment paru décisif sans autre examen; car, pour peu qu'il eût voulu réfléchir, il eût vu que c'étoit entretenir presque inutilement dix ou douze mille hommes de cavalerie. Je dis presque inutilement, car ces compagnies, déjà trop foibles pour combattre seules et en escadrons, n'eussent jamais formé que de la mauvaise cavalerie pour combattre en gros corps et en ligne. Qu'on se figure ce que seroit l'amalgame de toutes ces petites troupes accoutumées à une manière de combattre absolument opposée, et n'ayant aucune connoissance ni aucune pratique des manœuvres de ligne. M. de M.... D..... objectera nos compagnies de grenadiers à pied, qui, rassemblés de divers régimens, forment bien des bataillons et des corps; mais M. de M.... D..... ne pense pas que les grenadiers manœuvrent tous les jours dans nos bataillons comme partie de bataillon, et qu'ainsi la manœuvre de bataillon et de ligne leur est familière; au lieu qu'un petit escadron habitué à manœuvrer seul, ne peut prendre aucune idée des manœuvres de corps et de ligne de son arme. Dans la cavalerie d'ailleurs, c'est l'habitude des espaces, c'est la science du coup-d'œil qui fait tout; il faut manœuvrer en grand pour savoir manœuvrer. Cela est si vrai, qu'un des plus grands inconvéniens de la foiblesse actuelle de nos régimens, c'est qu'ils n'ont pas l'habitude des grands mouvemens; c'est qu'ils sont exercés sur de trop petits fronts; c'est qu'ainsi, quand il faudra manœuvrer en ligne, et la cavalerie étant portée sur le pied de guerre, les chefs d'escadrons et les commandans de régimens se trouveront perdus dans des proportions auxquelles ils ne sont pas familiarisés. Il leur faudra du temps, et malheureusement peut-être des échecs, pour se former la tête et le coup-d'œil. C'est la même raison qui milite si fortement pour que la cavalerie soit entretenue à la paix à peu près sur le même pied qu'à la guerre. Autrefois cela étoit inutile; autrefois on ne portoit que pendant la guerre le fardeau de l'entretien de la cavalerie : la guerre arrivoit, on levoit des régimens nouveaux, des compagnies nouvelles, c'est-à-dire, qu'on mettoit des recrues sur des remontes, et toute cette pospolite alloit comme elle pouvoit. Elle alloit comme la cavalerie des ennemis, au surplus, qui, n'étant ni plus manœuvrière, ni mieux constituée, ne valoit pas mieux au fond, et avoit de moins que nous l'impétuosité Françoise. Aujourd'hui tout a changé de face; la discipline et la science de manœuvrer ont fait de la cavalerie une arme presque nouvelle, une arme formidable, mais par-là même très-coûteuse. Les grandes puissances peuvent seules entretenir de la cavalerie. Je demande grace pour cette digression; elle est née de mon sujet, et je m'y suis laissé aller, parce qu'elle ne lui est pas étrangère.

Je reviens à M. de M.... D..... En attachant une compagnie de grenadiers à cheval à chacune de ses plésions, il se fonde sur la nécessité et sur l'avantage de mélanger les armes; c'étoit la doctrine de Folard, et il y est fidèle. Mais Folard étoit excusable d'avancer encore cette opinion il y a 50 ans, et M. de M.... D..... ne l'est guère de la faire revivre de nos jours. Du temps de Folard la cavalerie étoit encore dans l'enfance; aujourd'hui elle a fait d'immenses progrès. M. de M.... D..... auroit dû marcher avec son siècle. Indépendamment de l'exemple des anciens, le maître et le disciple s'appuient tous deux de l'autorité de quelques grands capitaines modernes, tels que le duc de Parme, Turenne, Montécuculli; mais ces grands hommes firent bien de leur temps, et ils agiroient autrement du nôtre. Leur génie s'empareroit des connoissances acquises depuis eux. Ce qui pouvoit convenir dans un temps où la cavalerie étoit encore en partie armée de lances, et couverte d'armes défensives, chargeoit au pas et faisoit usage du feu, ne convient sûrement plus aujourd'hui. Quel rôle joueroient maintenant des pelotons d'infanterie entremêlés dans nos escadrons et allant à la charge avec eux, ainsi que faisoient les anciens Gascons, ainsi que le pratiquoient

Gustave, Henri IV, etc. ainsi que le propose M. de M.... D..... pour ses grenadiers à cheval? Et des pelotons de cavalerie entremêlés à leur tour dans des bataillons, ou les soutenant à cent pas de distance! et des ordres de bataille en échiquier, entremêlés alternativement de brigades d'infanterie et de cavalerie, de manière que l'infanterie soit derrière la cavalerie, et la cavalerie derrière l'infanterie, ainsi que l'enseigne Folard! Ce n'est plus de *mélanger* les armes qu'il est question aujourd'hui, c'est de les *soutenir*: ces mots ne sont pas synonymes, et leur signification est très-distincte; c'est de les mettre chacune à leur place, c'est-à-dire, à la place que le terrein et la circonstance leur assignent; c'est, dans aucun cas, de ne les morceler, ni de les entremêler; parce que, par leur nature elles ne peuvent presque jamais faire d'efforts simultanés. L'une marche et l'autre vole: l'une a sa principale force dans le feu, et l'autre n'en a que par le choc; l'une est essentiellement défensive; l'autre ne peut jamais l'être, et n'agit jamais qu'offensivement.

Passons à la seconde manière dont M. de M.... D..... a proposé d'employer la cavalerie: savoir, derrière l'infanterie, de manière à la soutenir et à pouvoir déboucher par les intervalles de ses colonnes. Dans cette seconde version, M. de M.... D..... ne veut toujours point de cavalerie aux ailes de l'infanterie; car il faut se rappeler qu'il a posé en principe qu'une armée dans son systême n'a point de flancs, et qu'ainsi elle n'a pas besoin d'appui. Laissons-là cet étrange principe, que nous releverons en son lieu, et répondons seulement à cette seconde manière de disposer la cavalerie.

Les charges de cavalerie n'ont d'effet et de grand effet que par leur ensemble, et par l'unanimité du choc; et cet ensemble et cette unanimité ne peuvent exister que par l'adhérence des escadrons. Elles procurent la victoire, en faisant irruption et trouée dans l'ordre de bataille ennemi, et en séparant les parties qui le composent. C'est de-là que dans la Tactique actuelle de la cavalerie on a, avec raison, établi en principe que les charges s'exécuteroient toujours en muraille, c'est-à-dire, sans intervalle entre les escadrons.

Cela posé, quel parti prétend tirer M. de M.... D..... de sa cavalerie placée derrière ses colonnes? La faire charger en passant par les intervalles; mais ces intervalles n'ont que 56 pas, et ils doivent en avoir encore moins dans les parties de son ordre de bataille, que M. de

M.... D..... destine à attaquer. Souvent il y doit enchâsser sa seconde ligne, et alors les intervalles seront réduits à 20 pas environ. Quoi de la cavalerie débouchera par de pareils trous! Mais je suppose même les intervalles entiers et tels que M. de M.... D..... les établit dans son ordre primitif; à peine un escadron pourra-t-il déboucher par chaque intervalle; et que deviendra ensuite au débouché de ces intervalles, cette ligne d'escadrons morcelés avec des distances entre eux presque égales à leur front! Ira-t-elle ainsi, tant pleine que vide, attaquer l'ennemi? Je laisse apprécier à mes lecteurs le succès d'une pareille charge. Fera-t-elle halte pour resserrer ses intervalles, ou tâchera-t-elle de les resserrer en marchant? Je laisse encore à mes lecteurs à apprécier ce mouvement.

Mais, dira M. de M.... D....., ma cavalerie ne débouchera ainsi que quand mes colonnes auront percé l'ordre de bataille ennemi, et qu'il ne sera plus question que de suivre les fuyards, et de compléter la victoire. Voilà donc la cavalerie condamnée par le systême de M. de M.... D....., à n'agir jamais que dépendamment de l'infanterie, et subsidiairement à elle. La voilà réduite, selon lui, à aller faire des prisonniers, et à empêcher le ralliement des fuyards. Mais voyons si cette mince destination sera seulement possible à remplir, par la manière dont M. de M.... D..... dispose la cavalerie.

Je veux que les colonnes de M. de M.... D..... aient percé à jour les deux lignes d'infanterie ennemie; il se trouvera à leur appui, si la disposition est faite conformément aux vrais principes de la Tactique moderne, des réserves de cavalerie et de dragons. Il s'y portera rapidement d'autres corps de cavalerie tirés de la seconde ligne des ailes. Cette seconde ligne n'aura rien eu à faire dans sa partie, la première devant être plus que suffisante pour agir sur les flancs et sur les derrières de l'ordre de bataille de M. de M.... D..... Se porter des parties intérieures des deux ailes vers le centre de l'infanterie où M. de M.... D..... fait ordinairement son attaque, ne sera pas pour une cavalerie manœuvrière un mouvement difficile ni lent. Que deviendra alors la cavalerie de M. de M.... D..... ? La réserve seule bien unie, bien serrée, chargeant dans la méthode actuelle, va ramener cette débandade d'escadrons; les corps venus des ailes arriveront en même temps par le flanc. Eût-il là cent escadrons, le désordre et la confusion s'y mettront encore mieux, parce qu'une fois le désordre mis, il croît toujours en proportion du nombre.

Le moyen de repasser par des intervalles qui deviendront des défilés ! L'ennemi poussera, pressera, et finira par culbuter toute la cavalerie sur ces malheureuses colonnes, et par battre le tout pêle-mêle et l'un par l'autre. Nous avons vu à Bayeux l'essai de cette cavalerie passant par les intervalles des colonnes pour charger l'ennemi, et il n'y a personne dans l'armée qui n'ait frémi en voyant le danger de ce mouvement.

Nous terminerons cet examen de la seconde disposition de M. de M.... D..... par une seule réflexion; c'est que dans le cas où l'on veut soutenir les armes l'une par l'autre, il ne faut jamais perdre de vue les avantages et les inconvéniens qui résultent de chacune d'elles, ainsi que les suites ultérieures de la disposition que l'on prend. Ainsi jamais on ne doit mettre de la cavalerie dans le cas de charger en avant de l'infanterie, parce que, si elle est battue, l'infanterie court risque d'être entraînée par elle. Dans notre Tactique actuelle, nous ne manquons pas à ce principe, quand nous soutenons une ligne d'infanterie par une ligne de cavalerie : car, si l'infanterie est battue, et que la cavalerie s'avance pour charger l'ennemi, la trouée est malheureusement toujours assez grande pour lui laisser toute liberté d'agir et de charger dans son ordre habituel. Si l'infanterie a battu, et qu'on veuille faire poursuivre l'ennemi par la cavalerie ; alors l'infanterie se mettant en colonne, ou par bataillons ou par régimens, laisse à la cavalerie d'assez grands intervalles pour y déboucher librement et y repasser au cas d'échec. Ajoutons à cela que notre infanterie, ayant toujours pour principe de conserver, quand elle se met en colonne, des intervalles égaux à son front, peut au besoin former des parties de ligne, tant sur son front que sur son flanc, pour protéger à son tour la retraite de la cavalerie par son feu.

La troisième et la dernière version de M. de M.... D..... sur la manière d'employer la cavalerie, ne nous paroît pas plus heureuse que les deux précédentes. Il a prétendu répondre par elle à l'objection qu'on lui faisoit sur l'isolement et la nudité de ses flancs. Mais en même temps qu'il y remédie foiblement, voici d'autres grands inconvéniens dans lesquels il est tombé.

En tenant sa cavalerie trois cents pas en arrière du flanc de sa ligne d'infanterie, M. de M.... D..... prétend d'abord qu'elle couvre mieux le flanc de cette infanterie, parce qu'on ne pourroit pas l'attaquer sans le prêter soi-même à sa cavalerie. Il a ensuite pour objet, dit-il, de la tenir hors de portée du feu, et par conséquent plus en réserve, plus fraîche et plus en état d'agir. Il eût été plus simple d'en revenir de bonne foi aux idées reçues. Mais quand on a fait un systême, il en coûte d'être obligé de se rapprocher de ce que l'on a blâmé, et de ce qu'on a voulu détruire. On veut pallier ce retour, et l'on aime mieux tomber dans l'extraordinaire, que de ne pas proposer de changemens.

Il peut y avoir à la guerre des positions et des circonstances où il est avantageux de se placer en arrière du point qu'on veut défendre. Ainsi, par exemple, il vaut peut-être quelquefois mieux pour défendre des retranchemens, une rivière, une hauteur avantageuse, se tenir à portée de tomber sur l'ennemi aussitôt qu'il aura pénétré, que de border l'obstacle même. Ainsi, en appliquant ce principe à la Tactique, des crochets aux aîles, des corps en interlignes et en arrière des flancs, sont peut-être bons pour les protéger et les couvrir. César en a donné l'exemple à Pharsale; et plusieurs tacticiens les ont, avec raison, proposés depuis, comme d'excellentes ressources à employer quand on est inférieur en nombre et supérieur en manoeuvres. J'ai dit dans l'Essai général de Tactique, que je croyois sur-tout ces moyens excellens à employer aux pointes des ailes de cavalerie, parce que l'avantage de tout combat de cavalerie devoit nécessairement rester à celui qui gagnoit le dernier le flanc de son ennemi, et qui avoit la dernière troupe fraîche à faire mouvoir. Mais employer ce principe indifféremment à tout, et en faire, comme M. de M.... D....., la base de son ordre habituel, c'est étrangement se méprendre. Examinons ce qui en résulteroit.

Je veux M. de M.... D....., malgré l'opinion qu'il a établie dans son systême, égal en cavalerie à son ennemi; car il ne faut pas lui laisser la ressource de dire qu'on l'a attaqué à armes inégales. Soit qu'ils aient donc l'un et l'autre cent escadrons; M. de M.... D..... en placera vingt-cinq en arrière et sur le flanc de chacune de ses ailes d'infanterie sur une seule ligne, et les cinquante autres derrière son infanterie pour la soutenir, et pour attaquer au besoin par les intervalles de ses colonnes. L'ennemi, se conduisant dans les principes modernes, mettra de son côté quarante escadrons à chacune de ses ailes, et vingt en réserve derrière le centre de son infanterie. Ces quarante escadrons des ailes seront sur deux lignes, la première de trente escadrons sans intervalles, et la seconde en deux corps ou réserves de cinq escadrons formés également en muraille, et placées, l'une derrière le centre des quinze escadrons de la droite, et l'autre derrière celui des quinze escadrons de la gauche; ou bien tous dix réunis derrière le centre de l'aile; ou tous dix derrière la pointe de l'aile pour la soutenir et assurer la défaite de la cavalerie ennemie; ou enfin tous dix derrière l'extrémité intérieure de l'aile, si l'on veut les tenir à portée de tomber sur le flanc de l'infanterie ennemie après la défaite de sa cavalerie. Ce sont, comme l'on voit, les circonstances et l'objet qui déterminent cette disposition, laquelle est susceptible de beaucoup de variétés et de combinaisons.

Je vais diriger ici le mouvement de l'aile droite de l'ennemi, contre l'aile gauche de M. de M.... D...., en supposant la première ligne de l'ennemi rangée ainsi que je viens de le dire, et les dix escadrons de sa seconde derrière le flanc gauche de son aile, l'objet que je lui prête dans cette occasion étant d'attaquer la cavalerie de M. de M.... D....., pour embrasser ensuite ses derrières et ses flancs. Je ne détaillerai que les mouvemens d'une seule aile, l'autre devant faire, de son côté, ce que la position et les circonstances lui indiqueront.

Je suppose ici les deux ailes respectives en présence, tandis que l'infanterie de M. de M.... D..... s'ébranle pour marcher à la mienne. Aussitôt que je la verrai en mouvement, je me déciderai à charger l'aile qui est devant moi. Sa ligne est de 25 escadrons, la mienne est de 30. Je le déborde par conséquent de 5 escadrons, que, comme de raison, je ne lui démasquerai qu'au moment de mon mouvement, les tenant jusques-là en colonnes derrière la pointe de mon aile. J'ai une seconde ligne, et il n'en a pas. Toutes les probabilités sont donc pour moi. Sa ligne renversée, je la fais suivre par la moitié de la mienne, et je me rabats ensuite avec les 15 escadrons qui me restent, et les 10 escadrons de ma seconde ligne, ou sur ses colonnes, ou sur sa cavalerie qui les soutient, ou même sur toutes deux à la fois, mes 10 escadrons de seconde ligne chargeant le flanc de son infanterie, et mes 15 escadrons prenant de même en flanc sa cavalerie, qui, morcelée, séparée par des intervalles, aura bien de la peine à leur faire face. Que deviendront alors ses colonnes ? S'arrêteront-elles pour me recevoir et pour faire face aux flancs ? Alors elles ne marchent plus à mon infanterie; elles restent en prise à mon artillerie. Cet ordre mobile et offensif par excellence, devient stagnant et défensif. Continueront-elles de marcher, j'aurai certainement beau jeu à les charger; car de quoi est composé ce flanc découvert? D'une ou deux colonnes au plus. Supposons maintenant la cavalerie de mon autre aile agissant avec un succès égal, puisqu'elle a la même supériorité; supposons-la seulement occupant la cavalerie qui est vis-à-vis d'elle, et l'empêchant de se dégarnir. On se rappelle cependant que, tandis que j'agis ainsi offensivement et victorieusement aux ailes, tandis que je mets en fuite ou que je tiens en échec toute la cavalerie ennemie, j'ai derrière mon centre d'infanterie une réserve de 20 escadrons, non pas morcelés, non pas obligés de déboucher par des intervalles à peine égaux à leur front, comme ceux que M. de M.... D..... a derrière la sienne, mais contigus, et pouvant déboucher sur tel front qu'ils jugeront à propos, parce que mes lignes se ployeront pour leur faire place, et que se déployant ensuite, elles retrouveront toujours là leur. Je pourrois pousser plus loin les hypothèses; je pourrois, en épuisant toutes les conséquences vraisemblables, montrer comment le faux et mauvais emploi que M. de M.... D..... fait de la cavalerie peut causer, en un moment, la honte et la ruine d'une armée. Mais les hypothèses, quelque degré de probabilité et d'évidence qu'elles aient, sont un genre vague et vide pour les bons esprits; et quand on les a mis sur la voie, il vaut mieux les abandonner à eux-mêmes.

Ce que n'apperçoit peut-être pas M. de M.... D....., et ce qui est le plus grand vice, le vice primitif de toute la partie de son systême qui a rapport à la cavalerie, c'est qu'il contrarie absolument la nature et la propriété de cette arme, qui sont d'être agissante et offensive. Ainsi attacher de la cavalerie à l'infanterie, l'entremêler avec elle, l'enchaîner à ses mouvemens, même la ranger derrière elle et à son appui quand elle ne peut se porter en avant que par des intervalles qui l'obligent à se rompre et presque à défiler, c'est ôter à la cavalerie la liberté de terrein, de mouvement et d'action qui lui est essentiellement nécessaire. La placer trois cents pas en arrière des ailes, au lieu de la placer à hauteur de l'infanterie, c'est lui assigner aussi une destination défensive contraire à son objet; c'est l'éloigner de l'ennemi qu'elle doit charger; c'est augmenter *sa carrière*, c'est-à-dire, son mouvement de charge, de trois cents pas; c'est enfin la priver de l'appui de l'infanterie, si elle est battue; car dans le systême actuel, c'est en avant de l'ordre de bataille qu'elle engage le combat, puisqu'elle va au-devant de l'ennemi ; et c'est sur le flanc de la ligne qu'elle revient chercher protection et ralliement, si elle est battue. Cette protection, elle la trouve dans le feu des brigades de flanc qui sont formées en potence sur le flanc de l'ordre de bataille, dans le feu de la grosse artillerie dont ces brigades doivent être renforcées, et elle ne la trouveroit certainement pas de même dans les flancs de l'ordre de bataille de M. de M.... D....., qui ne sont composés que d'un ou deux bataillons en colonne au plus.

En plaçant ainsi sa cavalerie à 300 pas en arrière du reste de son ordre de bataille, M. de M.... D..... allègue pour raison, qu'il la tient éloignée du feu de l'ennemi, et par conséquent plus fraîche et plus en état d'agir ; mais il s'agit bien, vraiment, de mettre hors de portée de l'ennemi la cavalerie des ailes. C'est elle qui doit engager le combat ; c'est elle qui doit fondre sur l'ennemi aussitôt que la disposition générale de l'armée est formée. Qu'il réfléchisse donc que c'est vraisemblablement la cavalerie ennemie qu'elle a devant soi, et qu'alors elle n'a pas de feu de mousqueterie à craindre ; que, quant à celui du canon, si elle en est à portée, à hauteur de l'infanterie, ce ne sera pas en la reculant d'une centaine de toises qu'il l'en mettra à l'abri ; mais qu'il réfléchisse sur-tout qu'elle est là pour attaquer, et non pas pour rester en panne. Une seule circonstance peut obliger la cavalerie à se mettre ainsi en arrière du reste de l'ordre de bataille; ce seroit celle où elle auroit de l'infanterie devant elle, et où elle ne voudroit ni l'attaquer, ni, comme de raison alors, rester soumise à son feu. Mais, dans ce cas, quelle cavalerie s'est jamais crue enchaînée à l'alignement de l'infanterie, et qu'a-t-on besoin qu'on lui fasse un précepte d'éviter ce qui peut lui nuire sans objet ?

Il faut le répéter sans cesse, le grand défaut de la Tactique de cabinet est de partir toujours d'après des suppositions idéales. On voit sur le papier, dans les ordres de bataille primitifs de la Tactique moderne, que l'infanterie est au centre, et la cavalerie aux ailes. De-là on croit avoir mis le doigt sur la plaie secrette, avoir découvert la source de toutes les batailles perdues; on s'échauffe, on s'aveugle, on écrit, on bouleverse. Eh! Messieurs, contre quoi vous animez-vous? Vous faites la guerre à un abus qui n'existe pas. Vous attaquez cet ordre, vous le trouvez foible, dangereux, absurde; mais cet ordre n'est rien; ce n'est que la disposition primitive, et, si je puis m'exprimer ainsi, la disposition d'attente et d'organisation.

Laissez-là ce papier ; ce n'est, encore une fois, que le tableau de l'armée, ce qui remplit les gazettes, ce qui s'affiche aux portes du quartier-général, ce qui s'envoie à la cour le jour qu'on entre en campagne. Transportez-vous sur le terrein ; suivez les ordres de bataille réels, et vous verrez que dès les premiers mouvemens, cet ordre primitif s'évanouit ; qu'on campe, qu'on marche, qu'on combat relativement au terrein et aux circonstances. Vous ne verrez plus la cavalerie irrévocablement fixée aux ailes ; les ailes d'égale force, et toujours sur deux lignes de la même proportion ; vous verrez que tout cela se change, se varie, se combine, se modifie selon les lieux et les cas.

Ici la cavalerie sera toute au centre, comme M. le maréchal de Broglie la plaça à Bergen, parce que le centre de sa position étoit un pays découvert, et que sa droite et sa gauche étoient des postes où il avoit jeté son infanterie. Elle sera toute (si le terrein le permet) à l'abri d'une hauteur, comme il la mit encore dans cette grande journée ; parce qu'il est à la fois inutile d'exposer des troupes qui sont hors de portée d'agir, et de les faire compter par l'ennemi, afin qu'il règle sa disposition en conséquence.

Là, on n'aura qu'une seule aile, parce qu'il

n'y a dans la position qu'une partie de plaine, et que cette plaine se trouve à une des ailes; ou bien, on renforcera considérablement une aile, parce que c'est par elle qu'on veut agir; et l'on mettra l'autre hors de mesure, en l'appuyant ou par de l'infanterie postée, ou par beaucoup d'artillerie, ou par quelqu'obstacle, soit naturel, soit artificiel, qui empêchera l'ennemi de la joindre.

Dans une autre occasion, le combat étant réduit par la nature du terrein à l'attaque de plusieurs postes, et la cavalerie ne pouvant pas agir sur un grand front, ou ne devant agir que subsidiairement à l'infanterie, et après que les postes seront emportés, on la mettra toute derrière l'infanterie, ou on la partagera en plusieurs corps destinés à suivre les opérations des divers corps d'infanterie chargés des points d'attaque.

J'abrégerai sur ces exemples. En voilà assez pour éclairer ceux qui voudront l'être, et trop pour ceux qui sont décidés à se refuser à l'évidence. On m'objectera que ces changemens, ces modifications à l'ordre primitif, n'ont presque jamais lieu, et que je fais ici des suppositions gratuites. J'ai prouvé que non. J'ai cité ce que M. le maréchal de Broglie a fait à Bergen; et j'aurois pu citer ce qu'il a fait en dix autres occasions. A Sundershausen encore, sa cavalerie étoit au centre, et cette cavalerie ayant été poussée, ce fut un régiment d'infanterie *en ordre déployé* qui favorisa sa retraite, et qui arrêta la cavalerie ennemie. Ce régiment ne fit que se mettre en potence, et faire à propos une décharge. Je pourrois citer le roi de Prusse, le prince Henri, et je n'aurois qu'à récapituler toutes les actions de guerre qu'ils ont conduites. Je pourrois citer les généraux Autrichiens, maintenant ses émules, après avoir été ses écoliers. Quand je fais l'apologie de la Tactique moderne, c'est de la Tactique moderne bien employée, et non pas abandonnée à la routine des généraux médiocres.

Il ne me reste plus à parler que d'un grand avantage que l'adoption du systême de M. de M.... D..... feroit perdre aux deux armes; c'est l'analogie qui existe aujourd'hui entre leur Tactique; analogie très-utilement établie dans l'ordonnance des manœuvres de la cavalerie de 1776; analogie dont on peut tirer le plus grand fruit; qui peut encore être perfectionnée; qui fera disparoître cette ignorance absolue où les officiers d'une arme étoient trop souvent sur les ressources et sur les manœuvres de l'autre; qui enfin, en formant de véritables officiers-généraux, rendra à ce grade toute l'étendue de ses fonctions ; puisque la dénomination d'*officier-général* suppose la connoissance de toutes les armes ; un officier-général devant les savoir commander indifféremment, tant séparées que réunies.

Je terminerai ce chapitre en invitant les officiers de cavalerie à relever mes erreurs ou mes omissions. Il s'agit de leur cause, et il y en a parmi eux de beaucoup plus en état que moi de la défendre.

CHAPITRE V.

Examen du Systême de M. de M.... D..... relativement à l'Artillerie.

De toüs les Tacticiens qui ont parlé de l'artillerie dans leurs Ouvrages, je suis celui que M. de M.... D..... doit le moins suspecter de prévention et de partialité.

Je me suis élevé dans mon Essai général de Tactique, contre les militaires qui attribuent une trop grande prépondérance à ses effets. J'ai réduit à sa juste valeur cette assertion hasardée dans quelques ouvrages faits par des officiers d'artillerie, que *l'artillerie étoit l'ame des armées ;* expression qu'on ne peut en effet regarder que comme une exagération pardonnable à l'esprit de corps, et à l'amour de l'art qu'on cultive. J'ai avancé que l'artillerie n'étoit pas même, à proprement parler, une arme, et qu'il ne falloit la regarder que comme un accessoire; le nom d'*arme* n'appartenant, quand on veut parler avec précision, qu'à l'infanterie et à la cavalerie; parce que ce sont ces corps qui sont essentiellement et nécessairement les parties constituantes d'une armée, et qu'une armée ne sauroit exister sans elles.

Je me suis sur-tout élevé avec force contre l'abus de la multiplication prodigieuse de l'artillerie; abus qui nous vient des armées étrangères; que l'exemple du roi de Prusse a malheureusement consacré, et qui ne peut plus être réformé que par un autre homme de génie, appuié d'autant de victoires: phénomène que peut-être plusieurs siècles auront de la peine à reproduire.

Mais il y a loin et très-loin de-là à dire comme M. de M..... D....., que l'artillerie n'est pas redoutable; qu'elle est d'un effet si incertain dans son exécution, qu'on peut le regarder presque comme nul, pourvu qu'on se détermine à marcher sur elle.

Il y a loin de-là à ne tenir aucun compte d'elle dans les raisons qui doivent influer sur la détermination d'un système de Tactique, et à se jeter ensuite dans mille calculs, je ne dirai pas de mauvaise foi, mais de prévention et de prestige pour justifier son opinion.

Je ne m'engagerai point ici à relever tout ce qu'a écrit M. de M.... D...., pour prouver que toutes les objections que l'on faisoit contre son systême, relativement à l'artillerie, sont sans fondement. Cela produisit, lors des premières épreuves faites de ce systême à Metz, il y a trois ans, une polémique très-vive entre feu M. du Coudray et lui. Rien ne prouve assurément mieux que cette polémique, à quel point l'esprit de systême d'une part, et l'esprit de corps et de profession de l'autre, peuvent égarer.

Selon M. de M.... D...., les colonnes ont moins à craindre du feu de l'artillerie que les bataillons déployés. La moitié des coups doivent passer par les intervalles. Un boulet ne peut tuer au plus que trois ou quatre hommes en file. Les coups d'écharpe et de ricochet ne sont pas d'un grand effet. Enfin, ses colonnes sont pour l'artillerie *ce qu'est un lièvre pour un chasseur*. (Ce sont-là ses expressions.) Elles sont toujours en mouvement; elles vont si vîte, si vîte! Bien vîte en effet; car il prétend que leur vîtesse doit être à celle des bataillons marchant en ligne, comme de trois à un; et puis son rideau de grenadiers et chasseurs qui les couvre, qui empêche que les canonniers ennemis ne les apperçoivent, qui tire lui-même sur ces canonniers, et qui les détruit ou les éclaircit tellement, que les dernières décharges qui pourroient être les plus redoutables ont à peine lieu; le tout hérissé de calculs de portées, de temps, de distances, tous démentis par la raison, par la théorie et par la pratique.

M. du Coudray défendoit une bonne cause; il n'avoit qu'à s'en tenir, ainsi qu'il l'avoit fait dans le commencement de sa réfutation, à répondre à M. de M.... D...., sans exagération et sans préjugé, lui opposant des raisonnemens simples et solides et les appuyant des résultats sur les portées et sur l'exécution de l'artillerie, qu'on avoit tous les jours sous les yeux aux écoles. Mais bientôt il s'échauffe, il s'engage à la suite de M. de M.... D...., dans des hypothèses, dans des suppositions; il oppose des batteries à des colonnes; il calcule les lignes de direction, les pas, les minutes, les morts, les blessés. Selon M. de M... D...., ses colonnes arrivoient saines et sauves; selon M. de Coudray, elles étoient anéanties avant d'arriver. Des plaisantéries dont je laisse à mes lecteurs à apprécier le genre et le goût, mettoient le comble à cette étrange polémique. Dans l'une, M. de M.... D.... reprenant en sous-œuvre les calculs de M. du Coudray, prouvoit qu'il n'en avoit pas tiré le parti qu'il pouvoit; et qu'en les suivant à la rigueur, il lui tuoit cent hommes de plus que sa colonne n'étoit composée.

Quant à moi, comme quand on dispute, c'est toujours à la vérité qu'il faut tendre; comme rien n'est plus vague que cette manière de raisonner par supposition et par hypothèse, je me bornerai ici à des principes et à des faits simples et évidens dont je n'exagérerai point les conséquences; tels enfin que je ne crains point qu'aucun militaire instruit, et sur-tout praticien, puisse les désavouer.

Je sais avec M. de M.... D...., que dans l'artillerie, machines, agens, poudre, mobiles, milieu, tout en un mot contribue à rendre les portées des bouches à feu incertaines, soit pour la justesse, soit pour l'étendue; que, quand on pointe, même de but en blanc, une pièce de canon sur un objet isolé, et qui présente peu de surface, il faut tirer peut-être dix, peut-être cent coups avant de toucher cet objet; que si on l'atteint, le coup suivant tiré sous le même angle de projection, par les mêmes canonniers, avec la même charge, avec la même quantité de poudre, s'écarte plus ou moins sensiblement du même but; que par conséquent le canon, considéré dans son effet individuel, et pointé sur un but isolé, est une machine peu redoutable.

Mais ce n'est point ainsi qu'il faut considérer l'artillerie dans les combats. Là, elle agit en grand, et par conséquent avec moins d'incertitude. Là, il n'est plus question de points isolés et individuels. Il s'agit de lignes ou de masse de troupes : il s'agit de battre des espaces, des débouchés. Là, si on sait employer l'artillerie, on forme de grosses batteries, on prend des prolongemens et des revers; on fait usage du ricochet; on s'attache uniquement à porter ses mobiles dans le plan vertical de l'ordonnance ennemie; on remplit enfin, non le petit objet de démonter un canon ou de tuer quelques hommes dans un point donné, mais le grand objet, l'objet décisif, qui doit être de couvrir, de traverser de feux le terrein qu'occupe l'ennemi, et sur-tout celui par lequel il voudroit s'avancer pour attaquer. Ainsi placée, ainsi exécutée, l'artillerie est certainement formidable.

Je sais que les partisans outrés de l'artillerie exagèrent beaucoup ses portées, quand ils supposent qu'elle agit d'une manière décisive à six et sept cents toises. Mais M. de M.... D.... n'exagère pas moins dans le sens opposé, quand il ne la croit meurtrière qu'à deux ou trois cents toises.

Il y a entre ces deux versions, toutes deux extrêmes, un milieu vrai, et je vais le donner dans la table suivante. Ce milieu est conforme aux résultats constans de toutes les épreuves, en admettant même que le raccourcissement des pièces du nouveau systême ait diminué la longueur des portées, puisque ces épreuves ont été faites avec des pièces de dimension nouvelle.

Table estimative des distances auxquelles on peut commencer à compter sur les effets de l'Artillerie de campagne.

Calibre des pièces.	*Distances à boulet.*	*Distances pour les pièces chargées à cartouche.*	
		A grosses balles.	*A petites balles.*
	Toises.	*Toises.*	*Toises.*
De 16	De 500 à 550	De 450 à 400	à 300
De 12	De 450 à 500	De 400 à 350	à 250
De 8	De 400 à 450	De 350 à 250	à 200
De 4	De 350 à 400	De 250 à 150	à 150

Nota. On peut certainement faire usage du canon à des portées plus considérables, puisqu'une pièce de 16, pointée à 15 degrés, porte environ à 1200 toises, et qu'une pièce de 12 du nouveau modèle porte à 880 toises sous l'angle de 6 degrés, mais, au-delà des limites indiquées par les secondes colonnes de cette table, on ne peut compter sur un effet décisif qu'en suppléant par un grand nombre de pièces aux irrégularités des plus grandes portées.

Je ne m'exagère point les effets du canon sur des corps de troupes rangés sur une grande profondeur. Je ne pense donc pas qu'un boulet traverse une colonne d'une extrémité à l'autre, c'est-à-dire, qu'il tue tout ce qu'il rencontre sans se rallentir ou sans s'arrêter; mais je ne crois pas non plus, comme M. de M.... D...., qu'un boulet ne puisse tuer ou estropier que trois ou quatre hommes au plus. J'en ai vu frapper jusqu'à huit et neuf hommes; et des officiers, auxquels je crois comme à moi-même, m'ont assuré avoir vu des coups plus meurtriers encore. Je crois sur-tout au terrible effet du canon à cartouche dans une colonne, et je pense que si l'artillerie est nombreuse, bien placée, bien servie, et que les canonniers n'abandonnent leurs pièces qu'à la dernière extrémité, les dernières décharges devant être les plus décisives, il est très-vraisemblable que la colonne n'arrivera pas jusqu'à elle, ou du moins qu'elle y arrivera éclaircie et si fort en désordre, que les troupes ennemies qui la soutiennent auront beau jeu pour la repousser et pour la charger alors avec avantage.

Au reste, il ne faut pas seulement considérer l'artillerie relativement au mal réel qu'elle fait. Elle agit sur le moral; elle ébranle les imaginations par son bruit, par ses dégâts, par l'horreur de ses blessures; cet effet veut aussi être calculé, puisqu'à la guerre, pour vaincre, il s'agit autant d'effrayer que de tuer. C'est ce qu'a exprimé si heureusement Voltaire, dans son Histoire de Charles XII, parce que l'esprit est bon à tout, et qu'il fait deviner même ce qu'on n'a pas vu, quand il dit que *ce n'est pas tant le nombre des morts qui fait gagner les batailles, que la peur qu'on fait aux vivans.*

Or, cet effet se fera certainement plutôt sentir dans une colonne que dans un bataillon déployé; parce que les coups qui porteront dans la colonne feront plus de mal; parce que, faisant plus de mal, ils feront plus d'impression sur les esprits; parce que, la colonne rassemblant une plus grande quantité d'hommes dans un plus petit espace, ces impressions d'effroi et de désordre y sont plus communicatives et plus dangereuses. Dans un bataillon déployé, au contraire, les coups qui y portent sont moins meurtriers, et par conséquent ils agissent moins sur l'esprit des soldats. Chaque individu ne voit que les files qui l'avoisinent; ce qui arrive quelques pas plus loin est ignoré de lui. Ainsi, s'il s'y élève quelque impression d'épouvante ou de tumulte, comme elle n'a lieu que dans un point, elle se communique plus difficilement, et peut être plus aisément contenue par la discipline. On a dit ailleurs combien, sous ce dernier rapport, l'organisation du bataillon déployé, sur-tout avec la disposition actuelle des officiers et des bas-officiers, partie enchâssés dans les rangs, partie dispersés aux ailes des pelotons, en serre-file, et encadrant, si je puis m'exprimer ainsi, les soldats, est plus avantageuse et plus sûre que l'organisation d'une colonne, quelle qu'elle puisse être, et particulièrement de celle de M. de M.... D.... Mais ce n'est pas sur la colonne en elle-même, ce n'est pas sur une seule colonne qu'il suffit d'examiner les effets de l'artillerie, il faut voir ce qu'elle produiroit sur l'ensemble de la disposition habituelle de M. de M....D...., c'est-à-dire, sur sa ligne de colonnes substituée à une ligne de bataillons déployés.

On se rappelle que ses colonnes ne doivent avoir communément entre elles que la demi-distance du bataillon déployé ; que, sur-tout, pour attaquer l'ennemi, et par conséquent dans les parties de son ordre de bataille destinées à remplir cet objet, il doit diminuer encore ses intervalles. Supposons l'ennemi posté pour le recevoir, cet ennemi n'aura pas manqué vraisemblablement de placer son artillerie dans des points avantageux en avant, et principalement aux ailes de sa position. Il aura sur-tout cherché à la placer de manière à ce qu'elle puisse croiser ses feux, et prendre des revers sur lui. L'attaqué ayant ordinairement choisi la position qu'il occupe, il est toujours apparent qu'elle peut lui procurer cet avantage.

Les colonnes de M. de M.... D....., suivant leur usage, ne tenant aucun compte des positions, elles ne perdront pas leur temps à manœuvrer sur les flancs, à tourner, à tâcher d'éteindre, par une artillerie supérieure ou plus habilement postée, les feux des saillans de la position ennemie : petits moyens bons pour la Tactique moderne, mais que dédaigne un ordre où l'on n'a besoin que de marcher pour vaincre. Elles s'avanceront donc audacieusement. Mais comme à la guerre, quoi qu'en dise M. de M.... D....., il ne suffit pas toujours de marcher à l'ennemi pour le joindre, voici ce qui leur arrivera.

Loin du feu, et dans de tranquilles manœuvres de paix, on a vu, au camp de Bayeux, combien il étoit difficile à une ligne de colonnes de marcher en bataille, en observant ses intervalles. Presque tous les mouvemens ont manqué par ce défaut. Il falloit à chaque instant s'arrêter pour se raligner, se raccorder, et regagner ses distances par des manœuvres de flanc. M. de M.... D.... parle toujours de mener ses colonnes à la course; mais toute l'armée attestera avec moi, que jamais ligne de bataillons déployés n'a marché avec cette lenteur et cette mal-adresse. Cependant à la guerre, et dans l'attaque que je suppose, l'artillerie ennemie les battra de front et de flanc. Le mouvement machinal, la tendance presque irrésistible de toute troupe chauffée par ses flancs, est d'appuyer sur ses intervalles, tant pour s'éloigner des feux qui la battent, que dans la fausse idée de trouver de l'appui en se rapprochant des troupes qui l'avoisinent. Ces intervalles, déjà si difficiles à observer, se resserreront donc de plus en plus. A mesure qu'ils se resserreront, la ligne de colonnes diminuera de front, et par conséquent, ces colonnes seront battues et prises de revers par une plus grande quantité d'artillerie : de-là nouveau resserrement des intervalles, et par ce resserrement, nouvelles batteries de l'ennemi embrassant les flancs; de sorte que le résultat infaillible de ces effets sera, si tant est qu'elles puissent arriver sur l'ennemi, de ne plus composer en y arrivant qu'un amas de colonnes, une masse informe, incapable de manoeuvrer en cas d'un premier avantage, et en cas de mauvais succès, susceptible d'être enveloppée et détruite.

Ce n'est point ici le lieu de parler des mouvemens des troupes que l'ennemi pourroit opposer à une semblable disposition d'attaque. J'en traiterai en examinant le systême de M. de M....D...., relativement aux ordres de bataille et à l'action de combat. Je n'ai pour objet dans ce chapitre, que de considérer son systême par rapport aux effets de l'artillerie.

Mes lecteurs pourroient croire que j'ai supposé ci-dessus gratuitement une disposition pour la mettre en prise à l'artillerie de la manière la plus favorable à ma réfutation. Mais j'en appelle à tous ceux qui ont vu les manœuvres du camp de Bayeux. Cette dangereuse disposition s'y est renouvelée toutes les fois qu'on y a figuré des attaques. On y a vu un jour trente-deux bataillons marchant sur deux lignes de colonnes pour aller attaquer l'ennemi posté sur une hauteur avantageuse et garnie d'artillerie, sur un front qui n'avoit pas quatre cents toises de développement, et qui étoit flanqué de deux villages (1). La trouée où s'engagèrent les trente-deux bataillons pour marcher à cette attaque, se resserroit insensiblement

(1) Voyez sur la carte des environs du camp, qui est jointe à cet Ouvrage, la position ponctuée entre les villages de Rucqueville et de Martragny.

en montant en glacis vers la position qu'occupoit l'ennemi. On les battoit de front et de revers. Il n'y avoit ni bois, ni haie, ni ondulation de terrein qui les favorisât. Il n'y avoit point de hauteur opposée de laquelle on pût, non pas éteindre, mais seulement balancer le feu de l'artillerie ennemie : toute celle qu'on auroit pu lui opposer, auroit tiré de bas en haut contre des troupes qui étoient couvertes jusqu'à la poitrine, derrière une espèce de chaussée qui bordoit la hauteur. Les colonnes qui avoient cinquante-six pas d'intervalle entre elles, en partant de leur disposition primitive, n'en avoient pas la plupart vingt-cinq à moitié chemin. Une partie de celles de la gauche avoit même été obligée de doubler sur plusieurs lignes à cause du resserrement de terrein plus sensible dans cette partie. Pas un seul coup de canon n'eût été incertain contre une disposition pareille. Les coups de revers et d'écharpe eussent traversé les colonnes en tout sens, et la seconde ligne eût été l'égoût de tous les coups qui auroient écrasé la première. Avec cela, comme il n'y avoit pas de boulets; comme ces trente-deux bataillons représentoient l'armée; et qu'il étoit dit que l'armée devoit battre le corps qui étoit devant elle, on marcha toujours, et on parvint au sommet de la position.

Voyons maintenant par quels moyens M. de M.... D..... prétend ne pas tenir compte du feu de l'artillerie, ou en balancer l'effet. J'ai répondu par un fait d'expérience à la prétention qu'il avoit de mener ses colonnes à la course. Je vais appuyer ce fait par des raisonnemens, et relever ici une étrange erreur de M. de M.... D.....

M. de M.... D.... parle en toute occasion de marcher rapidement, de doubler, de tripler le pas, de courir, en un mot. S'il veut faire quelque mouvement avec ses colonnes, c'est au moins au pas de manœuvre qu'il les ébranle. S'il est en ordre de marche, et qu'il y ait des doublemens, des dédoublemens, des passages de défilés, c'est encore au pas de manœuvre qu'il fait rejoindre les portions des troupes restées en arrière. S'il s'agit d'attaque, c'est au pas de manœuvre qu'il se met en mouvement; c'est ensuite à la course quand il est à cent ou cent cinquante toises de l'ennemi. Pour ses grenadiers et chasseurs, ils n'ont point d'autre allure; et encore ont-ils bien de la peine à arriver à ce qu'il exige d'eux; mais à la guerre, ce n'est point ainsi qu'on mène de l'infanterie, parce qu'à la guerre l'infanterie est chargée, et qu'il n'en est pas là comme sur les esplanades de garnisons ou dans les camps de paix. A la guerre, quand l'infanterie est en marche ou en mouvement, on ne sait pas ce que les circonstances peuvent obliger à exiger d'elle, ou le jour même, ou le lendemain, et il faut par conséquent ménager ses forces. A la guerre, il faut donc faire marcher l'infanterie d'un pas modéré, égal, et qu'elle puisse soutenir pendant plusieurs heures. Quand on est en ordre de marche, on ne doit point mettre au pas de manoeuvre les parties de troupes que des doublemens ou dédoublemens, des passages de défilés ou d'obstacle ont laissées en arrière : on doit rallentir le pas de ce qui n'a point perdu de temps pour donner à ce qui en a perdu la possibilité de rejoindre. Mais jamais, à moins de cas d'extrémité très-rares, aucune troupe ne doit doubler le pas libre et naturel qu'elle a dû prendre en se mettant en marche. Si l'on manoeuvre, comme toutes les manoeuvres d'une armée ne sont jamais que des marches, on doit y observer le même principe. Si l'on attaque, on doit marcher aussi d'un pas égal et modéré, parce que ce n'est qu'avec ce pas qu'on conserve de l'ordre. On peut se mettre au pas de manoeuvre tout au plus cent ou cent cinquante pas avant que d'arriver à l'ennemi. Le pas s'accélère ensuite par degrés, de manière que la course ou l'élan ne se prenne guère qu'au dernier terme du mouvement. Il n'y a sur cela rien à prescrire. Cela dépend de la tête, du coup-d'œil, de l'exemple de l'homme qui commande, et de l'impulsion morale qu'il sait donner à ce qui le suit. J'ai relevé ailleurs l'inconvénient de mettre toujours à la course ces malheureux grenadiers et chasseurs; mais surtout les grenadiers, troupe d'élite et de consistance, dont le véritable emploi est de faire corps avec le bataillon, et de lui servir toujours de support et d'appui.

Je sais que, s'il faut en croire les partisans de l'antiquité, les légionaires Romains marchoient et couroient même plusieurs stades chargés comme des chameaux; mais, soit que ce qui vient de si loin, grossisse toujours par la tradition; soit que l'espèce humaine ait dégénéré; soit que l'éducation et l'habitude nous manquent à cet égard; je sais qu'on ne peut pas exiger les mêmes efforts de l'infanterie actuelle; et qu'en attendant qu'on ait refondu le siècle et la race, il faut conduire nos soldats suivant leurs forces. Ce que je sais encore, c'est que les anciens étant, par la nature de leurs armes, dans le cas de combattre de très-près, et dans des champs de bataille très-courts et très-étroits, il leur étoit aussi facile de se joindre et de manœuvrer à la course, que, par les raisons opposées, tirées de la nature de nos armes, cela nous est impossible aujourd'hui.

Rejetons donc comme illusoire ce moyen de rapidité, par lequel M. de M.... D.... prétend essuyer si peu long-temps et si peu meurtrièrement le feu de l'artillerie, et voyons dans ses colonnes, au lieu de *points mobiles, légers, impalpables*, tels que dans son enthousiasme il les représente, des masses, au contraire, plus lentes et plus lourdes que nos bataillons déployés, plus susceptibles de désordre, et certainement plus en prise, en tout sens, au feu de l'artillerie.

Passons au second moyen de M. de M.... D.... contre le feu de l'ennemi, au rideau qu'il jette en avant de ses colonnes. J'ai analysé ailleurs la composition de cet étrange rideau. Réduit, comme on a été forcé de le faire au camp de Bayeux, aux seules compagnies de chasseurs, ce n'est pas même, si l'on veut prendre la peine de supputer le front des colonnes et leurs intervalles, une ligne contigue de fusiliers sur un seul rang; ce sont quelques tirailleurs épars et clair-semés; mais, quand même on y joindroit les grenadiers, ce rideau ne seroit jamais qu'une mauvaise réponse qu'il a tâché de faire aux puissantes objections qu'on lui formoit sur le désavantage de marcher à l'ennemi sans lui faire essuyer de feu; un supplément qu'il a imaginé depuis qu'en refondant son systême des plésions, il s'est vu forcé d'abandonner la prétention que les colonnes étoient propres à l'action de feu; enfin, une méchante première ligne qui ne fait que pallier le vice de son ordre, et ne lui procure aucun avantage. Examinons-le ci-après, relativement à l'artillerie.

M. de M....D.... croit, par son rideau, dérober à l'artillerie ennemie la marche et la direction de ses colonnes, ou du moins les lui rendre si confuses, qu'elle les pointera avec incertitude. Il n'étoit pas besoin des épreuves de Bayeux pour juger de l'insuffisance de ce moyen. Une ligne clair-semée de tirailleurs sur un ou deux rangs au plus, couvrir des colonnes qui marchent à deux cents pas derrière elle! c'est à-peu-près comme si quelqu'un prétendoit cacher son corps derrière sa main; c'est n'avoir pas réfléchi aux premières notions qu'enseignent la perspective et l'habitude de voir des troupes.

Le second parti que compte tirer M. de M.... D..... de son rideau, est, à quelques égards, un peu plus réel. C'est celui d'inquiéter les canonniers ennemis par son feu de mousqueterie; mais cette idée n'appartient point à M. de M... D.....; elle étoit connue avant lui; elle est écrite par-tout ; je l'indique, ou pour mieux dire, je la rappelle, car on n'indique que ce qui est nouveau, dans mon Essai général de Tactique, au chapitre de l'attaque en colonne. J'y jette en avant de la marche des colonnes, des compagnies de chasseurs éparpillées, avec l'instruction de profiter de tous les avantages du terrein pour s'approcher des batteries ennemies, et s'attacher à incommoder les canonniers. Les incommoder, c'est dans le fait tout ce qu'on peut attendre d'un pareil moyen ; car les faire taire, ainsi que le prétend M. de M... D....., c'est encore exagérer, et perdre de vue ce qui se fait à la guerre ; en effet, si l'ennemi n'est pas dépourvu des premières notions militaires, quand il verra ces tirailleurs, il jettera en avant de sa position et sur les flancs de ses batteries, pour n'en pas gêner l'exécution, d'autres tirailleurs qui leur répondront, et qui les obligeront d'attendre l'appui immédiat de leurs colonnes. L'ennemi est supposé en défensive, et par conséquent posté, et alors il est apparent que le terrein ou les précautions qu'il aura prises, mettent de son côté ces petits avantages, plutôt que de celui de l'attaquant.

Il reste au systême de M. de M.... D..... un troisième moyen contre l'artillerie ennemie ; c'est celui d'employer la sienne; car il faut bien en venir là ; et malgré tous les lieux communs sur la valeur, sur l'audace, sur le génie de la nation, quand l'ennemi vous tue à 500 toises, et pendant tout le temps que vous les parcourez, le meilleur parti qu'on puisse prendre est de tâcher de le lui rendre.

Cela n'entroit pas apparemment dans les premières idées de M. de M.... D.....; car, dans son Traité des Plésions, il n'est jamais question d'artillerie que pour la mépriser et pour la prendre. Dans aucune de ses dispositions, dans aucune des planches qui les représentent, on ne voit point qu'il en fasse usage. La réclamation universelle, la puissance des objections, ou peut-être seulement sa condescendance pour nos préjugés, l'ont un peu rapproché de son siècle dans ses ouvrages postérieurs.

L'ordre François admet donc de l'artillerie, M. de M.... D..... l'entremêle à ses colonnes, et veut protéger leur marche par elle ; il fait plus, car dans ses Fragmens (1) il paroît vouloir ramener à son systême les opinions du corps de l'artillerie. Il se justifie du mépris qu'on lui avoit attribué pour elle. Il lui promet que l'ordre François vaudra mieux pour elle que

(1) Septième Mémoire sur l'artillerie, pages 37 et 38.

la Tactique Prussienne. Il lui promet que cet ordre lui fournira *plus d'aisance, plus de liberté, plus de terrein.* Enfin, il lui propose *une bonne paix, une alliance durable, les deux parties se réservant conjointement à faire payer les dépens du procès à l'ordre mince et aux ennemis de la France.*

De ce cordial retour de M. de M.... D..... vers l'artillerie, je n'ai qu'un point à examiner. Son systême procure-t-il à l'artillerie *plus d'aisance, de liberté, de terrein et d'avantages?* Cette question sera bientôt résolue.

L'artillerie ne fait son plus grand effet que quand elle est postée. Le feu qu'elle fait en marchant ou en changeant à chaque instant de position, est toujours mal assuré et peu redoutable. C'est en cela d'abord que la Tactique moderne est très-favorable à l'artillerie, et l'artillerie à son tour la seconde bien utilement. En effet, ainsi que nous l'exposerons plus au long en traitant, au chapitre des *batailles*, la manière dont doivent aujourd'hui s'engager et se conduire les combats, on n'attaque pas brusquement un poste quand il est avantageux et défendu par une nombreuse artillerie; on cherche à l'embrasser, à le tourner, à éteindre les feux des parties qui le flanquent, à fatiguer, par un feu meurtrier, les troupes qui le défendent ; cela exige donc des préliminaires pendant lesquels l'artillerie agit postée, et joue nécessairement un grand rôle. Ensuite, quand le moment de l'attaque est déterminé par les avantages qu'on s'est procurés, l'artillerie agit encore postée pour soutenir les troupes qui la font. Les batailles et les combats veulent enfin, vu la discipline et les progrès de l'art, être considérés aujourd'hui, non comme des irruptions dans lesquelles il faut toujours marcher devant soi, attaquant l'ennemi tête baissée et sans relâche, mais comme une succession de dépostemens et de dispositions. A-t-on chassé l'ennemi d'une position, il faut, si l'ennemi n'est pas en déroute absolue, commencer par s'y établir, par appuyer ses flancs, et partir ensuite de-là pour combiner une nouvelle disposition d'attaque. Ainsi, de position en position, de parallèle en parallèle (si je puis m'exprimer ainsi), on s'avance dans le champ de bataille de l'ennemi, et on l'en met dehors. L'artillerie, par conséquent, doit seconder ces mouvemens, et passer aussi de positions en positions, ce qui la fait nécessairement agir toujours postée.

Suivant le système de M. de M.... D....., on paroît devoir combattre d'une toute autre manière ; il y est toujours question de marcher devant soi, d'attaquer, d'enfoncer. Supérieur, on attaque; cela va de suite; mais inférieur, cela n'arrête pas, on attaque encore. Les ordres de bataille se prennent à 4 ou 500 toises de l'ennemi. Oblique simple, oblique double, ordre perpendiculaire, ils se prennent tous également avec une rapidité que l'œil a peine à suivre. De-là, on marche, on bat, on disperse, on ne s'arrête que quand on ne voit plus d'ennemis. Avec un système de ce genre l'artillerie a sans doute peu à faire, et je la vois, dès que cette armée s'élance, réduite à la laisser courir à la victoire, et à être témoin de ses succès.

M. de M.... D..... nous assure que l'artillerie, *ainsi employée et n'agissant plus si long-temps, détruira moins de monde et ne décidera plus seule les batailles*. Oui, sans doute, la sienne; mais celle de l'ennemi, je lui garantis qu'en revanche elle en détruira le double, et qu'elle pourra bien décider les batailles à elle toute seule.

Ce que je n'entends pas, c'est comment M. de M.... D....., à la suite de cette première assertion, promet à l'artillerie *que sa Tactique lui offrira le moyen d'être toujours supérieure dans la partie où se décidera le combat; qu'elle lui laissera plus de terrein et de liberté pour ses emplacemens et ses mouvemens ; qu'elle lui donnera plus d'aisance à se servir de ses attelages, plus de facilité pour les manœuvres à bras, dont elle abrégera la durée et les distances ; enfin, qu'elle la mettra en état d'agir en avant de la ligne, sans la masquer réellement, et toujours soutenue de manière à ne rien craindre.* Il est vrai que, comme il ajoute en note, *peut-être ceci demanderoit un peu d'explication*, et qu'il ne la donne pas, je me console un peu de mon défaut de pénétration, et je prends le parti d'attendre qu'on vienne à mon secours.

En attendant, voici quelques objections qui se présentent à moi. L'artillerie ne peut agir efficacement qu'autant qu'elle a suffisamment de terrein pour s'étendre. Elle ne prend de revers, et on sait combien cet avantage est décisif pour elle, qu'autant qu'elle est sur le flanc des objets qu'elle bat. Pour être sur le flanc, ou pour voir le flanc, ce qui revient au même, il faut déborder, et pour déborder il faut occuper plus de front. Ce principe est si évident, que c'est de lui que dérive la supériorité que prend toujours dans les siéges l'artillerie de l'assiégeant sur celle de l'assiégé. Presque toujours ce dernier a plus d'artillerie, et son artillerie est couverte. Mais celle de l'assiégeant agit avec plus de liberté et sur un plus grand développement. Tous ses effets tendent de la circonférence au centre ; elle finit donc toujours par embrasser, flanquer, prolonger, enfiler, et détruire celle de l'assiégé. Comment le systême de M. de M.... D..... donnera-t-il à l'artillerie cet avantage, quand il raccourcit si prodigieusement le front des ordres de bataille ; quand il met 56 pas seulement d'intervalle entre chaque colonne ; quand il annonce que pour ses attaques décisives il resserrera ses colonnes encore davantage, ou, ce qui revient au même, qu'il y enchâssera sa seconde ligne ? Comment son artillerie tiendra-t-elle contre celle de l'ennemi, qui la débordera toujours, qui delà, par conséquent, la battra en flanc, en rouage, à ricochet, et l'empêchera de rester formée en batterie ? Où se placera enfin cette artillerie, dans une disposition pareille, avec l'attirail indispensable pour la consommation du combat ? Dans les intervalles ! je demande si cela est possible. En avant du front ! comment marcheront alors les colonnes ? Encore une fois, je ne comprends rien aux moyens qui fondent les promesses de M. de M.... D..... à l'artillerie ; et il a grand tort de ne pas les développer. Les maîtres de l'art peuvent annoncer des secrets qu'ils tiennent en réserve; mais M. de M.... D..... et moi, qui sommes des écoliers, nous n'avons pas le même droit. Nous sommes obligés de tout énoncer; car on ne doit ni nous en croire, ni demeurer tranquille sur la foi de nos promesses.

Ce que j'ai vu au camp de Bayeux, et ce que tous les officiers d'artillerie qui y étoient attesteront avec moi; c'est qu'il n'y avoit dans les manoeuvres que six pièces par division de 8 bataillons; que ces pièces n'étoient que de 4 et de 8, traînées, comme dans des manoeuvres de paix, par deux et trois chevaux seulement; qu'elles n'avoient à leur suite aucune sorte d'attirail, et qu'avec cela elles ne savoient jamais ni où marcher, ni où se placer, ni comment se démêler des manoeuvres de leur division.

Je laisse du reste aux officiers d'artillerie eux-mêmes, à discuter, sous les rapports immédiats et intérieurs de leur art, l'influence que le systême de M. de M.... D..... auroit sur elle s'il étoit adopté, et à fournir, à cet égard, des preuves de détail plus complettes. Il y a dans ce Corps tant de gens éclairés, et qui ont fait de leur métier véritablement un art, qu'il s'en présentera sans doute. Je n'ai traité la question que comme Tacticien, c'est-à-dire, sous le rapport de l'artillerie aux troupes, et aux grandes parties de la Tactique; je m'estimerai heureux, si dans ce travail je ne suis ni désavoué, ni relevé d'erreur par aucun d'eux.

FIN DU TOME PREMIER.

ERRATA.

Tome premier.

Pag.	lig.	
36	20	partie la de *lisez* partie de la
180	7	que ce *lisez* ce que
256	14	n'y à pas *lisez* n'y a pas
304	21	et certainement *lisez* est certainement

www.ingramcontent.com/pod-product-compliance
Ingram Content Group UK Ltd.
Pitfield, Milton Keynes, MK11 3LW, UK
UKHW031832260826
14628UKWH00001B/348

9 782012 926530